纸上耕耘　润泽心田

Dear Oliver

亲爱的
奥利弗

Dear Oliver

与奥利弗·萨克斯的
书信奇缘

An Unexpected
Friendship with Oliver Sacks

Susan R.Barry

〔美〕**苏珊·R.巴里** 著

张 憬 译 孙润凯 审校

中国出版集团 东方出版中心

图书在版编目（CIP）数据

亲爱的奥利弗：与奥利弗·萨克斯的书信奇缘 /
（美）苏珊·R.巴里著；张憬译. -- 上海：东方出版中心, 2025. 4. -- ISBN 978-7-5473-2689-3

I. K837.126.15

中国国家版本馆CIP数据核字第2025MU0067号

上海市版权局著作权合同登记 图字：09-2025-0076号

亲爱的奥利弗：与奥利弗·萨克斯的书信奇缘

著　　者　〔美〕苏珊·R.巴里
译　　者　张　憬
审 校 者　孙润凯
策划/责编　戴欣倍
装帧设计　钟　颖

出 版 人　陈义望
出版发行　东方出版中心
地　　址　上海市仙霞路345号
邮政编码　200336
电　　话　021-62417400
印 刷 者　上海盛通时代印刷有限公司

开　　本　710mm×1000mm　1/16
印　　张　16.5
插　　页　2
字　　数　210千字
版　　次　2025年4月第1版
印　　次　2025年4月第1次印刷
定　　价　88.00元

献给鼓励我寄出第一封信的丹

目　录

奥利弗·萨克斯（左）和我

萦绕心头的问题

OLIVER SACKS, M.D.

2 HORATIO ST. #3G · NEW YORK, NY · 10014
TEL: 212.633.8373 · FAX: 212.633.8928
MAIL@OLIVERSACKS.COM

2/22/07

Dear Sue,

Thanks again for your astounding fist letter.. which was so
rich, and so vivid, in so many ways... You are really a great
letter-writer ---- this, indeed, is how we became truly acquainted...
and this bodes very well for your book. Most of my books have
started as letters to colleagues or friends... then and I think
of nthe book as a ' letter ' to everybody (at least, to anybody
who might be intereste-d). So, for me, the epistolary is an
essential element of writing and communicating... and I suspect that
this
it may also be so with you.

Oliv

奥利弗·萨克斯　医学博士

纽约州纽约市霍雷肖街2#3G　邮编：10014

电话：2126338373　传真：2126338928

MAIL@OLIVERSACKS.COM

亲爱的苏：

　　……

　　再次感谢你令人惊奇的第一封信……从太多方面来看，它都是如此丰富，如此生动……你真是一个极会写信的人——事实上，我们是通过信件真正熟悉起来的……对你要写的书来说，这是一个非常好的兆头。多数情况下，我自己的书就源于写给同事或朋友的信……然后，我把这本书看作写给所有人（至少是所有可能感兴趣的人）的"信"。所以，于我而言，（如此背景下的）书信是写作和交流的基本要素……我想你也有同感。

奥利弗

2007 年 2 月 22 日

　　当奥利弗·萨克斯为我写下这些话的时候，我和他通信的时间已经超过两年。我们的信实实在在，写在纸上，封在信封里，通过美国邮政寄出。给彼此写信之初，我五十多岁，奥利弗七十多岁。我是曼荷莲女子学院神经生物学教授，而他是神经科专家和畅销书作者，在治愈神经学病例方面博闻多识，并因此闻名于世。每一次在信箱前停留，这段在晚年开始的友情会愈加深厚。我们一共写下150多封信，在最后一封信寄出的三周后，奥利弗离开了人世。

* * *

我们都会抵达人生中重要的十字路口。有时事情明摆着马虎不得，比如我们会面临职业或者居住之地的抉择；有时道路又格外迂回，当初看起来微不足道的小事最终却改变了人生。将"令人惊奇的第一封信"寄给萨克斯医生的时候，我完全没有想到这会如此长久地影响我的思想、工作，甚至我的存在。

然而一开始，我差一点就没寄出那封信。

那封信原本是我"视觉日记"中的一部分。四十八岁之前，我一直是对眼和立体盲。大多数人会将两只眼睛对准空间中的同一个位置，让双眼捕捉到的信息在大脑中合成三维图像，但我的双眼无法看向同一个方向。和常人不同，我用一只眼睛看，另一只眼睛获取的信息则被忽略了。因此，我看不到三维图像。因为没有立体视觉，我看到的世界杂乱而扁平。不过成年后，经过几个月的视觉治疗，我学会了协调双眼，看到了立体的深度。这番变化给了我很大的启示，我一直在写日记，记录自己视觉能力的显著改善。最后，我萌生了一个想法：将我的视觉故事写成给奥利弗·萨克斯的信，让我的日记更加鲜活。

我最初是通过萨克斯医生的作品认识他的，他对自己笔下的病人观察入微、充满同情，令我钦佩。不仅如此，我还见过他本人。我的丈夫丹是一名宇航员，大约九年前，萨克斯医生参观约翰逊航天中心的时候，他们在一起聊了聊。后来我们邀请他参加丹首航前的招待会，他答应了，我非常激动。在招待会上，我们只聊了五分钟，但萨克斯医生问出的一个问题让我念念不忘。随着视觉治疗的推进，我经历了一次又一次顿悟，对回答这个问题越来越有信心，也在脑海中和他对话了很多次。这篇日记就是内心对话的延伸，我从他的问题说起：

亲爱的萨克斯医生：

我们相识于 1996 年 1 月 10 日，那是在我丈夫丹·巴里加入航天飞机 STS-72 任务组后首次进入太空的前夕。我们是在佛罗里达的太空营见的面，当时我在那里举办聚会，请来一众朋友为发射预热。在交谈中我们聊到，人会通过不同的方式来感知世界。我提到自己对世界的感知和大多数人略有不同，因为我在任何时候都只能用一只眼睛看东西。我是斜视①，我看到的只有单眼观察的世界。你问我能否想象用两只眼睛看到的世界是什么样子，那时我的回答是，我觉得能。毕竟，身为曼荷莲女子学院的神经生物学教授，我读过很多关于视觉处理、双眼视觉和立体视觉的论文。我以为借助专业知识，我会对自身的缺憾拥有特别的洞察力，但我错了。

在过去的两年里，多亏了一位出色视光师的建议、一副新眼镜，以及日常的视觉治疗，我学会了双眼并用。我的视觉发生了翻天覆地的变化，世界变得更饱满、更宽阔、更深邃、更有质感、更细腻。最大的惊喜是，我现在可以看到无物的空间，也就是物体之间的空隙。我的视觉在不断变化，每天都有新的乐趣和惊奇。我从没听任何人讲述过这样的视觉转变，所以我想详细说说自己的故事。

和视觉有关的经历万倾泻而出，我在单倍行距的纸张上足足写了九页。我提到刚出生几个月的时候，我的父母就发现我有对眼，但医生告诉他们也许等我长大了就没事了。然而到了两岁我还是对眼，我们搬到了康涅狄格州，耶鲁大学纽黑文医院的著名眼科医生罗科·法萨内拉为

---

① 斜视，即双眼不能同时对准目标。水平的对准问题会导致内斜视（对眼）或外斜视（斜白眼）。另外，双眼也可能出现垂直的对准问题。

我配了眼镜，并且在我两岁、三岁和七岁时为我做了三次眼部肌肉手术。手术之后，我的眼睛看起来没有那么歪斜了，尽管早先在学校的时候，我读起文字来很费力，学骑自行车也格外困难。几年后，我在他这里的治疗结束了。

最后一次见法萨内拉医生的时候，我上四年级。他摘下我的眼镜，告诉我现在除了开飞机，我可以去做视力正常的人能做的任何事情。没有人告诉我的是，我缺乏双眼视觉①，直到大三我还像呵呵的，不知道实情。我看上去不再是对眼了，也不再戴镜片厚厚的眼镜。现在，我可以享受课间的闲暇，不必戴着笨重的眼镜护具，那个麻烦玩意儿看起来就像接球手的面具，硬是让躲避球都变得不好玩了②。在我自己看来，我已经痊愈。

手术在外观纠正上还是很成功的。我的眼睛现在看上去不歪斜了。只有父母注意到我偶尔还会对眼，碰到这种情形，他们就会管一管，叫我"不要走神"……如果想看远处，我就得让目光保持向上、向外，努力分开视线。这样较着劲，再加上脸小眼睛大，我看起来就像一只受到惊吓的小虫。学校里的孩子们给我起了个外号，叫"青蛙眼"。这可不好听，但我不在乎。我的斜视纠正了，我感到很自豪。

然而几年后，我发现自己并没有"痊愈"。在大学学习神经生理学课程的时候，我才意识到自己的视觉和大多数人不一样：

教授介绍了视觉皮层的发育、眼优势柱、单眼和双眼视觉，以及在人为造成斜视的幼猫身上做的实验。他提到，这些猫可能缺乏双眼视

---

① 双眼视觉是指同时结合双眼信息的能力。
② 20世纪60年代的眼镜实际上是由玻璃制成的，如果被球击中就会碎裂，因此需要配备恼人的眼镜护具。

觉和立体视觉^①。我听了大受震撼，简直不知所措。原来有一种看世界的方式我一直缺失，而我自己并不知道。也许这才是为什么我车开得很糟糕，也不会操作缝纫机。我跑到图书馆，苦苦翻阅科学论文。我做了所有能找到的立体视觉测试，结果全都不及格。我还了解到，正常人应该能从我第三次手术后收到的那种玩具立体镜中看到三维图像。我在父母家里找到了这个旧玩具，但其他人一试就能看到的三维图像，我却看不到。

一晃二十多年过去了，人到中年，我的视力越来越差。在我的视线中，远处的物体似乎全都在抖动。于是，我找到了邻镇的一位视光师特蕾莎·鲁杰罗医生，她为各个年龄段的人提供视觉治疗。第一次就诊时，鲁杰罗医生发现我的眼睛在水平和竖直方向上都存在歪斜。我的右眼视线比左眼低，于是她给我右边的眼镜片配了一个棱镜，好缩小两眼之间的垂直差异（但不是水平差异）。拿到配有棱镜的眼镜之后，我就开始了视觉治疗，其中一项叫作"聚散球"的双眼协调练习尤其让我印象深刻，我管这个叫"珠子练习"。

接下来，神奇的事情发生了。珠子练习的第一个疗程结束后，我回到车上，刚好瞥了一眼方向盘，竟然发现它从仪表板上"弹了出来"！我先用一只眼睛看，接着换眼，再用双眼一起看：我眼中的方向盘不一样了。我心想是夕阳的光线在作怪，于是开车回了家。但第二天起床后，我做完眼保健操（这是我每天早上的习惯），坐进车子准备去上班，当我看向后视镜的时候，它也从挡风玻璃上弹了出来。

---

① 立体视觉让我们能够看到三维图像，这需要两只眼睛同时输入信息。由于两只眼睛观看的角度略有不同，它们发送给大脑的图像也略有不同。大脑会整合这种差异，从而形成一个单一的三维图像。

在接下来的几个月里，我的视觉完全改变了。我都不知道自己以前错过了什么。原先普通的物品看起来如此非同寻常。灯具好像会飘浮一般，水龙头则伸向半空。

我的日记记录了令我惊奇的各种日常景象，我把它们也写进了信里：打开的门现在仿佛在向我伸展；架在米饭上的叉子看上去也不再一样，因为我能瞧见它如何悬在饭碗上方；我还能看到树木枝叶间空无一物却又能被感知的空隙；马儿骨架上的骷髅头深深探向前方的空间，第一次靠近它的时候我甚至惊叫出声、一跃而退；马路看上去在水平面上延伸得更加悠远，车道看上去更加宽阔，汽车转起弯来似乎也不那么突然了。

一切都更加清晰了。边界清楚明了，不像以前那样模模糊糊。这是因为我的眼镜配了棱镜吗，还是因为我同时用两只眼睛看世界了？只用一只眼睛看的时候，我在任何时刻都只能获得一半的视觉信息。我的视觉皮层中一直都有双眼细胞吗？也许它们从前只是在等待合适的输入？我不知道所有这些应该如何解释，但我确信自己是遇到了令人万分开心的事。我体验了许多快乐的时刻，那种孩童般的喜悦，我已多年不曾感受过。我正在以一种全新的方式看世界。

……

不仅如此，平面的二维图像也更有深度了。和过去相比，一幅透视画显得更加立体。这些体验让我不禁怀疑，仅靠闭上一只眼睛，一个双眼视觉正常的人能不能真正了解单眼视觉看到的世界。就算有一只眼睛闭着，他也能利用迄今为止的视觉经验创造出三维图像。我试着向朋友们解释我眼中的世界发生了怎样的变化，但他们全都投以不自在的眼神。我没有办法让他们真正体验我的视觉转变。虽然有很多人（比如神经科学家）都知道自身视觉实际上关乎大脑的创造和诠释，但他们并不会像我一样，每看一眼都能直接体会这样的事实。我觉得自己最好还是在私底下静静享受眼中的新世界。

至于双眼视觉带来的坏处，我只和萨克斯医生说了一件事。在我的视觉开始转变约一年之后，我们全家去夏威夷旅行。来到考艾岛，我们在一个俯瞰美丽峡谷的观景点停留。我径直走到护栏前欣赏风景，却感觉自己高高飘浮在深不见底的峡谷之上。这种感觉太过强烈，我只得从栏杆边退了回来，远远地望着美景。后来，在那天的徒步旅行中，每当我的丈夫和孩子们靠近悬崖边时，我都会恐慌不安。

我在信中写道，的确如此，新的视觉有时候会让我感觉自己身处游乐屋，但大多数情况下，这是一个令我感到十分自在的新世界。我激动不已。

想象一下吧，如果一个只能看到灰度的人突然目睹了缤纷的色彩，他会为这世界的美妙所折服，又怎么能到此为止、视而不见呢？每一天，我都会花时间正面观察物体——鲜花、手指、水龙头……从中强烈地感受立体。晚上，我会躺在床上看立体镜。将近三年过去了，新视觉还在不断带给我惊喜，令我开心。一个冬日，我急着从教室赶往熟食店，想简单吃个午饭，但刚走出教学楼几步，我便一下子站住。大片湿润的雪花围着我悠然飘落。我可以看到它们之间的空隙，所有雪花一同跳起了美丽的立体之舞。过去，雪看起来像是落在我面前不远处的平面上，我感觉自己看到的不过是雪掉了下来。但现在，我觉得自己置身落雪之中，与雪花为伴。午餐随即被抛在脑后，几分钟的时间里，我只是望着雪花飘落。看着看着，我的内心被一种巨大的喜悦填满。落雪竟可以如此美丽——尤其是当你第一次看到这场景的时候。

写完自己的故事，收进日记，我有一种平静的感觉。通过记录童年经历，再用近期的日记内容补全，我整理出了自身视觉变化的全过程，并且保存了下来。随即我又发现，这篇日记并非这次视觉奇遇的终点，反倒是我人生新方向的前奏。第二天，我把写成信的日记拿给丹看，他鼓励我把它寄给萨克斯医生。我有些犹豫，担心自己不被相信。我四十八岁才获得立体视觉，在此之前一直是对眼，这对半个世纪以来视觉发育"关键期"的研究提出了挑战。这些研究表明，立体视觉只能在幼年形成。身为曼荷莲女子学院的生物学和神经科学教授，我对这类研究非常熟悉，还曾多次在课堂上讲解关键期的知识。事实上，我花了好几个月的时间才说服自己，我现在看到的就是三维图像。我又该如何说服其他人呢？而且，即使萨克斯医生相信我，他能理解视觉变化让我体验到的新奇和美妙吗？这崭新且来之不易的立体视觉对我来说意味着一切。一想到我的经历会被认为是夸大其词、夸张过火，甚至可能是妄想，我便无法忍受。我能够承担这份风险，把信寄给奥利弗·萨克斯吗？

我回想起阅读《睡人》时，萨克斯医生给我留下的第一印象。在书中，他描写了这样一群帕金森病患者：因为病症严重，他们已经几十年无法行动和思考。然而，服用萨克斯医生提供的左旋多巴之后，他们活了过来，变得能动、会说，脑袋里挤满了想法。萨克斯医生不仅仅是在观察和倾听这些病人，更重要的是，他还会努力想象"患有帕金森病，服用左旋多巴并且完全转变是什么感觉"。他不仅在意病人的感受，而且感受他们的感受。和他那些病人的变化相比，我所经历的视觉转变显然还不算太惊人，但也是出乎意料、影响一生的。也许他能想象，如今我所看到、感受到的世界是多么不一样。忐忑却带着希望，在丹的鼓励下，我决定把这篇日记寄给他。于是我加了一段简短的结语，签上了我的名字。

这就是我的故事。如果您有时间和意愿的话，能否谈谈您的看法？

我将不胜感激。当然，我也热切地期待着您的下一部作品。

您真诚的，

苏·巴里

Sue Barry

然后，趁自己还没失去勇气，我把信塞进了邮筒。

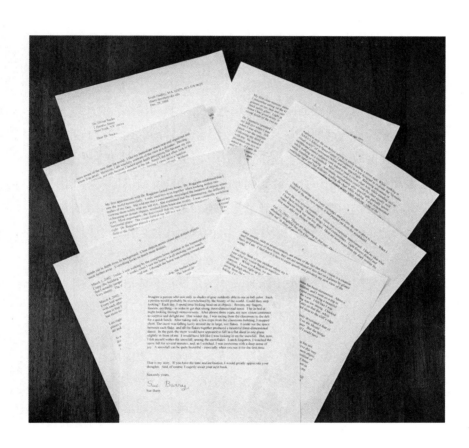

11

奥利弗来了

收到我的信不过几天，萨克斯医生就寄出了一封回信。这是我第一次写信联系他，而他的回信这么快就躺进了我的信箱。我还以为那一定是一篇充斥着套话的回复，由一位效率挺高的助理代写，感谢我的来函，接着提醒我萨克斯医生是个大忙人，有大量的信件要处理。但恰恰相反，我后来才知道，自己收到的是最经典的萨克斯书信：字（用打字机）打在奶油色的厚信纸上，地址旁还有一幅乌贼图片。正文有墨水笔增删修改的痕迹。这封信（就像他后来的所有信件一样）十分亲切、体贴地回应了我的描述。

我原本觉得萨克斯医生会从神经学的角度对我的信产生兴趣。在写信的时候，我还不知道他也喜欢一切立体的事物，并且是纽约立体协会一名自豪的"持卡"会员。许多年后，奥利弗的一位密友向我描述了他收到我那封信时是多么激动，奥利弗后来告诉我，我的信"让他的头发都竖起来了"。他一直怀疑立体视觉观察到的世界和单眼视觉截然不同，而且丰富得多，即便是视觉科学家也没有普遍认识到这种差异。这封回信的语言丰富而热忱，清晰表达了他的感受：

OLIVER SACKS, M.D.

2 HORATIO ST. #3G · NEW YORK, NY · 10014
TEL: 212.633.8373 · FAX: 212.633.8928
MAIL@OLIVERSACKS.COM

January 3, 05

Dear Mrs. Barry,

the eve of STS-72 .

    I have vivid memories of that night, and have received
Christmas/New Year cards from the two of you (or all of you)
over the years, but have not, I'm afraid, been anything of a
correspondent.

    But your letter of the 29th. fills me with amazement ---
and admiration , at your welcoming your ' new ' world ' of visual
space and with such openness and wonder - even if it meant
your developing a fear of heights in Kauai - and at your
describing it with such care, and lyricism and accuracy .

    Amazement, because it has been ' accepted ' for
years (but clearly Dr. Ruggiero had evidence and thoughts
to the contrary) that if binocular vision was not achieved
by a ' critical age ' (supposedly of some months), then
stereopsis would never occur. Talking to Jerry Bruner, the
psychologist, who was born with congenital cataracts which were
not operated on until he was eighteen months old, seemed to
confirm this. On one occasion he told me how, lacking natural
lenses, with their slight yellowish tint, he could see some way
into what I would call the ' ultraviolet '. I asked him, breathlessly,
what this was like. He answered " I can no more tell you than
you could tell me what stereopsis is like ". Bertrand Russell
contrasts ' knowledge by description ' with 'knowledge by acquaintance'
- and you give wonderful descriptions of how utterly they differ,
of how the greatest formal or secondary knowledge can never approach
actual experience... .

    I need to thi nk carefully about what you describe, and perhaps
discuss it, if I may, with a friend in visu al physiology. I think
your experience & account ought to be published , ine some form or

OLIVER SACKS, M.D.

2 HORATIO ST. #3G · NEW YORK, NY · 10014
TEL: 212.633.8373 · FAX: 212.633.8928
MAIL@OLIVERSACKS.COM

another, in view of the physiological or psychophysiological
revision it seems to call for ; and, at a more personal level,
the hope it may give for those who have long ' accepted ', at
one level or another, that they are condemned to live in a
' flat ' world.   I also think that the sheer exuberance
you convey, at a sort of visual re-birth, is the sort of
thing which can remind us that stereospsis (like all our
perceptual powers) is a miracle and privilege, and not to
be taken for granted.   If one has (say) stereopsis all
the while, one may indeed take it for granted ; but if,
as with you, one lacked it, and was then ' given ' it -
then it come as a wonder and revelation. This too needs
to be brought out.

    For one reason or another, I have never taken my own
steropsis for granted, but have found it an acute   or
recurrent source of pleasure/ wonder for much of my life.
This led me, as a boy, to experiment with stereo-hotography,
hyper-stereoscopes. pseudo-scopes, etc   (I am still, in
my eighth decade, a member of the New York and also the
International Stereoscopic Society). And it caused me to
pay special attention to an odd experience, in 1974, when
(due to visual restriction, or rather spatial restriction)
I was to discover how my own stereoscopy had been ' collapsed ',
and how it re-expanded   over the course of an hour or so, when
I was replaced in a large space (I enclose a copy of the
relevant pages from A LEG TO STAND ON).

    So, many thanks for writing to me at such length, letting
me share and ponder your experiences ... and let us keep in
touch.

OLIVER SACKS, M.D.

2 HORATIO ST. #3G · NEW YORK, NY · 10014
TEL: 212.633.8373 · FAX: 212.633.8928
MAIL@OLIVERSACKS.COM

Jan 4.   I have taken the liberty of discussing what you describe
          with two colleagues of mine (Bob Wasserman, an
ophthalmologist, and Ralph Siegel, who works in visual physiology), and
they were as intrigued as I was, and raised a number of questions.
One such , raised by Dr. Wasserman, and related to your mentioning
that your eyes converged a few inches from your face, was whether
you were readily able to thread a needle - which he thinks would
be very difficult without stereopsis.   Dr. Wasserman spoke very
highly of Dr Fasenella.   Another question was whether the <u>vertical</u>
misalignment, which Dr. Ruggiero picked up (and corrected, with a
prism) had been present from the start, or whether it developed
later in your life.   And whether there is still what Dr. Wasserman
calls some ' micro-strabismus ', even though this might not be
symptomatic. Other questions relate to problems with motion-perception
(at least perceiving when <u>you</u> are in motion)

     As you perhaps know I have written about people who have
no perception or idea of <u>color</u>, and would sometimes ask them how
they conceived of color, and whether (if it were possible to
' give ' them the capacity to see it) what this might mean to them.
The question is a tantalizing one, because there is no known way
og ' giving ' an achromatope color ' and, additionally, some of them
say that they think the sudden addition of color - which never
having been perceived before, and so having no associations or ' meaning ' -
might be very confusing to them.   But it is clear that the addition of
' depth ' or ' space ' to your visual world has been (almost) wholly
positive

     S o many qyestions ! Since you have favored me with your
story, and ask my thoughts, I think (over and anove anything I can say
here) that I would like to <u>visit</u> you, and perhaps to do so in company
with my old friends & colleagues Bob W and Ralph S, who could explore and
check aspects of your visual perception which I myself could not do. (the
three of us formed a ' team ' when seeing the colorblind painter whom I
wrote it, and the middle-aged man, 'Virgil ' who was given vision after
being virtually blind from birth   I wrote about both of these
 in my Anthropologist on Mars book).

OLIVER SACKS, M.D.

2 HORATIO ST. #3G · NEW YORK, NY · 10014
TEL: 212.633.8373 · FAX: 212.633.8928
MAIL@OLIVERSACKS.COM

(4)

You asked for my response to your story, and perhaps this is
too much of a response ! (I am reminded of how, as soon as
I heard Virgil's ' story '. I wanted to fly down to Atlanta
to see him...).

But give me your thoghts on whether such a visit,
to meet you, and to explore various aspects of visual perception
with you, would be agreeable...

If it would be, we can work details later.

Again, thank you so much for sharing your experiences
and thoughts with me, and - really --- opening a new realm.

My warmest good wishes to you, Dan,

奥利弗·萨克斯　医学博士

纽约州纽约市霍雷肖街 2#3G　邮编：10014

电话：2126338373　传真：2126338928

MAIL@OLIVERSACKS.COM

亲爱的巴里太太：

　　我依然清晰地记得那天晚上，STS-72 任务前夜的情景，这些年您二位（或诸位）寄来的圣诞／新年贺卡我也收到了，但我之前恐怕没有给您写过信。

　　不过，您 29 日的来信令我十分惊奇、心生钦佩，您以如此开放、充满好奇的心态迎接了视觉空间的"新世界"——即使这导致您在考艾岛上遭遇恐高——而且您对这番变化的描述是如此认真、深情和准确。

　　我之所以感到惊奇，是因为多年来人们一直"接受"（但鲁杰罗医生显然有相反的证据和想法），如果不能在"关键期"（应该是按月计算的年龄）内获得双眼视觉，那就永远不会有立体视觉。心理学家杰里·布鲁纳患有先天性白内障，直到十八个月大时才进行了手术，他的话看来就能证实这一点。有一次，他告诉我，因为缺乏透亮的天然晶状体，他要用发黄的眼睛看东西，所以能在某种程度上观察到我口中的"紫外线"。我屏住呼吸，问他到底看见了什么。他说，"我能告诉你的不多，就好比你很难给我讲明白立体视觉是什么"。伯特兰·罗素将"描述知识"与"亲知知识"进行了对比——而您精彩地描述了两者之间的根本不同，最佳的形式或间接知识也永远无法贴近实际经验……

我需要仔细思考您所描述的内容，如果可以的话，也许要和专攻视觉生理学的朋友讨论一下。考虑到生理学或心理生理学可能因此得到修正，我认为您的经历和叙述应该以某种形式发表出来；而且，从更为个人的层面来看，那些早已在某种程度上"接受"自己无法逃出"平面"世界的人也许会从中看到希望。我还认为，面对视觉重生般的感受，您所表达出的强烈欣喜可以提醒我们，立体视觉（就像我们所有的感知力一样）宛如奇迹、着实优越，不该被视作是理所当然的。如果一个人一直拥有（比如）立体视觉，那么他可能真的会认为这就是理所当然的；但如果他像您一样，原本看不到立体，后来才"被赋予"这样的能力，那么立体视觉就会像奇迹和启示一样降临在他身上。这一点也需要言明。

出于种种原因，我从不认为自己拥有立体视觉是理所当然的，在一生中的大部分时间里，我感觉立体视觉就像一个强大的，或者说反复显现的愉悦和惊奇之源。因此，我在童年时期就尝试探索立体摄影、超立体镜、幻视镜，等等（我已经七十多岁了，如今依然是纽约和国际立体协会的会员）。这也让我对1974年的一次奇特经历格外在意。当时，我发现自己的立体视觉（在视觉限制，或者应该说是空间限制下）"坍塌"了。当我置身于大空间之后，它又在一个小时左右的时间里重新扩展开来（我附上了《单腿站立》中相关书页的复印件）。

因此，非常感谢您给我写了这么长的信，和我分享并让我思考您的经历……让我们保持联系。

1月4日，我自作主张，与两位同事（眼科医生鲍勃·沃瑟曼和研究视觉生理学的拉尔夫·西格尔）讨论了您所描述的情况，他们和我一样感兴趣，并提出了一些问题。有一个问题来自沃瑟曼医生，与您提到的双眼目光在面前几英寸[1]处会聚有关，那就是您能否轻松地穿针引线——他认为没有立体视觉的人很难完成这种任务。沃瑟曼医生对法萨内拉医生评价很高。另一个问题是，鲁杰罗医生发现（并用棱镜纠正）

---

[1] 编者注：1 英寸 =0.025 4 米。

的<u>垂直差异</u>是一开始就存在的，还是后来才出现的。以及，您是否还有沃瑟曼医生所说的"微斜视"问题，尽管可能没有症状。其他问题与运动知觉（至少是<u>您</u>运动时的感知）有关。

您大概知道，我写过无法感知或了解<u>色彩</u>的人，有时我会询问他们对色彩的想法，以及（如果有可能被"赋予"这种能力）看到色彩对他们的意义。这是个令人干着急的问题，因为目前还没有已知的方法能够将色彩"赋予"色盲患者。另外，他们中的一些人表示，他们认为突然增加的色彩——以前从未感知过，因此谈不上任何联想或"意义"——可能会让他们非常困惑。但是很明显，对您的视觉世界而言，"深度"或"空间"的增加（几乎）完全是积极的。

问题可真多啊！既然我有幸知道了您的故事，并被您询问看法，除了这封信所能呈现的思考之外，我也萌生了前去拜访您的想法，也许我的老友兼同事鲍勃和拉尔夫将与我同行，他们可以从多个方面探查您的视觉感知能力，这是我无法单独做到的（我们三人组成了一个"小队"，一起去看色盲画家和自幼失明、在中年时期获得视觉的男人"维吉"。我在《火星上的人类学家》中写过这两位的故事）。

您让我对您的故事做出回复，也许我回复得太过头了（这让我想起了自己听说维吉尔的故事时是怎样急着飞到亚特兰大去见他……）。

请问您怎么想？如果我们上门拜访，从多方面详细了解您的视觉感知情况，您是否方便？

如果您方便，我们稍后再讨论细节。

再次致谢，非常感谢您与我分享经历和想法，您真的开启了一个新的领域。

向您和丹致以最诚挚的祝福。

奥利弗·萨克斯
2005 年 1 月 3 日

天哪，萨克斯医生想来拜访我！我一直希望他的回复是充满鼓励、思想丰富的，不过，就像他在信中提到的，他的反应真的有点热烈过头了。也难怪他会有疑虑，毕竟我人到中年才获得立体视觉，这通常被认为是不可能的。他需要在他的朋友，一位眼科医生和一位视觉科学家的帮助下核实我的情况。要么我真的有重要的故事要讲，要么就是我产生了妄想（无论是哪种情况，萨克斯医生都有兴趣）。我马上写了回信。

马萨诸塞州南哈德利　01075
2005 年 1 月 8 日

纽约州纽约市　10014
霍雷肖街 2#3G
奥利弗·萨克斯医生（收）

亲爱的萨克斯医生：

非常感谢您如此快速的回复。我真心欢迎您和同事来访。出于您所提到的所有原因，我也十分希望自己的经历能够被讲述出来，尤其是考虑到我的故事能帮助其他人获得更好的双眼视觉、看到全新的世界。我的亲身经历让我相信，成年人大脑的可塑性比人们传统上认为的更强。

我向萨克斯医生描述了自己如何穿针引线——闭上左眼，只用右眼来看。我会把针转一转，让针眼朝向我，并且看起来尽可能宽一些，然后将线从中心穿过，但我还补充道：

撇开这些不谈，我很少穿针引线，因为我真的不喜欢缝纫，这种活儿能不做我就不做。念八年级的时候，我和我们那一代的所有女孩一样，必须去上学校里的缝纫课。手工缝纫太难了。我缝的针脚很宽，眼睛又很容易疲劳。而且，我一直不会使用电动缝纫机，实在没法用它缝出一条直线。这可真令人犯愁，因为我必须缝制一件简单的衣服才算完成课程。更糟糕的是，在课程最后一天的模拟服装秀上，我必须穿上自己缝的新衣服给全班同学看。我的父母总是细心关注孩子的需求，他们觉察到了我的苦恼，真的去买了一台电动缝纫机。我的母亲不知道怎么使用它，而我姥姥当时用的还是带踏板的人工缝纫机。辅导我使用新缝纫机的任务自然落到了父亲头上。我父亲本来也不会缝纫，但他很懂艺术，动手能力也很强。他很快就成了个中能手，而且基本上替我做好了衣服，这让我松了一大口气。结束缝纫课程以后，我再也没有碰过缝纫机，但父亲却格外享受这段经历！他又买了一个图样，给我母亲缝了一条裙子。之后的十五年里，从泳衣到冬装，他几乎帮我母亲做好了所有的衣裳。他甚至还为我制作了婚纱。所以说，我在针线活上的无能为力还是带来了一些好处的！

我回答了萨克斯医生提出的一些技术性问题，并补充说鲁杰罗医生很乐意与他交流，分享我视觉变化前后的测试记录。我最后写道："感谢您，谢谢您倾听我写下的经历。"

这封信寄出后不久，萨克斯医生和我通了电话，我们约好他会从纽约驾车前往位于马萨诸塞州的我家，时间定在 2005 年 2 月 9 日。我把他的即将来访当作一项严肃的计划，重读了他写的所有书，甚至还研究了午餐应该准备什么。我发现备餐挺容易，萨克斯医生曾经写过，香蕉和熏鲑鱼是他最喜欢的两种食物，所以我就为他准备了这些，还有自制的香浓菜汤、冷切盘、水果沙拉、茶和饼干。我提前几天买好了香蕉，因为他喜欢吃"褐色的、近乎液体状"的香蕉。在他即将到访的那几日，我一直在查看天气情况，担心暴风雪会阻碍他的行程。我提前准备好了所有食物，还在前一天晚上摆好了餐桌。

* * *

　　奥利弗·萨克斯在约定之日的上午十一点半到达，同行的还有他的两个朋友：鲍勃·沃瑟曼和拉尔夫·西格尔，他们可以协助评估我的视力。而我则独自在家，和我家的小狗温迪在一起。我的儿子安迪去高中上学了，女儿珍妮去更远的大学上学了，丹在得克萨斯州休斯敦的约翰逊航天中心受训。开车行驶了这么远，萨克斯医生像是饿了，于是我把他和他的朋友们领进了家里的餐厅。我们吃着午餐闲聊起来，因为要面见备受尊崇的萨克斯医生，我曾经顾虑重重，而此刻这些担忧全都烟消云散了。

　　读书的时候我手里总会拿着铅笔，好在页边的空白处写写评注，打上感叹号和其他标记。这是我和作者对话的方式。我爱萨克斯的书，自从视觉开始转变，我就一直在心里和他交谈。而现在，我担心面对面交谈的奥利弗·萨克斯不像那位在书页上和我对话的奥利弗·萨克斯。如果他本人浮夸自大、装模作样，我该怎么想？但我的担忧多余了。萨克斯医生有些腼腆、踌躇，还充满好奇。有一次，我看到他伸出手，试探着拍了拍我家餐桌下觅食的小雪纳瑞。奥利弗（这会儿我已经开始叫他奥利弗了）不停地讲着自己的糗事。帮我收拾餐具的时候，他承认吃了我碗里剩下的蓝莓（我太紧张了，没敢用勺子或叉子把蓝莓送进嘴里）。

　　收拾完餐具，临床研究就开始了。奥利弗、鲍勃和拉尔夫把他们带来的视觉检测设备摆在我的餐桌上，然后进行了长时间的视觉评估。他们的一些工具令我惊叹，其中有临床测试用具，也有简单的玩具。其间他们给我做了法恩斯沃思 D-15 二分色盲测试，我完成得很完美。我们都停顿了片刻。我觉得奥利弗肯定想起了艾萨克森先生（I 先生），那是他多年前写过的一位艺术家。艾萨克森先生是个画家，六十五岁时失去了所有的色觉[1]。我和这位色盲画家刚好情况相反。艾萨克森先生的深度

---

[1]　萨克斯医生在 1995 年出版的《火星上的人类学家》中写到了艾萨克森先生。

知觉非常出色，甚至在他失去色觉后兴许还有所提高，而我的色觉相当不错，深度知觉却不合格。

多半时候，我的三位访客在不停地向我展示一张又一张 3D 图片，问我看到了什么。这些是红 / 绿立体图，要通过红 / 绿眼镜片观察。每张立体图都包含两幅图像，一幅用红色印刷，一幅用绿色印刷，两者叠在一起。两幅图像呈现的是同一个物体或景观，但角度略有差异，刚好契合双眼观察的情况。一只眼睛在红色镜片后，一只眼睛在绿色镜片后，两边看到的图像略微不同，在大脑中结合，就形成了三维画面。我看到图像弹出了纸面，觉得非常好玩。

我们还看了一幅经典的立体图像，也就是立体苍蝇，眼科医生常用它来测试立体视觉。苍蝇的翅膀仿佛能浮出平面，我们测了一下各自看到的浮出程度。我看到的程度最小，奥利弗看到的最大。拉尔夫给我看了一张随机点立体图，这是一种成对的图像，两幅看上去都只有一堆随机分布的点。不过，将两者融合之后，我们就会看到一张浮现出深度的图像。随机点立体图用一只眼睛是无论如何也看不出深度的，所以只要能观察到浮出图像，受试者就一定拥有立体视觉。我没能"搞定"这种立体图，但接下来奥利弗给了我一个立体镜，我通过它看到了一组单词。同样，这些词语的 3D 排列也是单眼看不出来的，但经过仔细观察，我看到了它们，还报出了正确的深度顺序。

更多的测试接踵而至。有一次，我们要观察一张有难度的立体图，奥利弗在我眼前放了一副 3D 眼镜和一张鱼的图片。"哇！"我几乎从椅子上跳了起来，"快看那条鱼！快看它的嘴！真的向我伸过来了！"然后我顿住了，感觉有些尴尬。任何一位自重的五十一岁女士都不应该因为一条 3D 鱼兴奋成这个样子。我不好意思地看了看奥利弗，而他正直视着我，脸上洋溢着灿烂的笑容。"我也喜欢这些玩意儿。"他轻声说。

那一刻，一切都明了了。不仅仅是通过阅读萨克斯的书，我在和他本人的相遇中明白，他超越了精明实际的研究者，不会把我等同于长了两只眼睛和一个大脑的奇特病例。奥利弗理解新视觉对我的意义。我们都从感官中获得了特殊的快乐，我就这样和这个睿智而温和的人建立了深厚的友谊。

即便是在拥有立体视觉之前，我也会说自己眼前的世界是三维的。这太显而易见了：我在一个三维的世界中移动，可以用单眼观察到线索，比如通过透视、阴影，还有遮挡（前面的物体遮挡了我观察后面物体的视线）就能比较事物的深度。然而，获得立体视觉后，我对空间的感觉有了质的变化。

如今再照镜子，我会看到自己的影像出现在镜子后面的反射空间里，但还是立体盲的时候，我只能看到自己的模样贴在镜面上。那时我无法感知玻璃和镜像之间的空隙，镜面上的污点看起来就像是我身上的污渍，我会试图把它从衣服上擦掉。而现在，看看镜中的影像，再短暂地闭上一只眼睛，镜子后面、反射空间中的我依然清晰。立体视觉甚至改变了我用一只眼睛观察事物的方式。因此，立体视觉一向正常的人并不能通过闭上一只眼睛看到长期立体盲的扁平世界，从出生到此刻积累的立体经验足够他们填补缺失的信息。看到立体，我才觉察到事物之间还有可以感知的空间。这种新奇的感觉令我十分惊奇、格外喜悦，但我无法向人解释这些变化，甚至跟视觉科学家们都说不清楚，这让我非常沮丧，可是这些奥利弗从一开始就明白了。

吃完了午餐，做完了视觉检测，我们挤进奥利弗的车子（好多份元素周期表从座椅口袋里探出来），前往我的视光师特蕾莎·鲁杰罗医生的办公室。她为我们的到访做足了准备，把我们领进一间检查室，在那里讲述了我的病史。我们发现，做近距离聚散球练习（珠子练习）的时候，我的表现比奥利弗更好！奥利弗对帮助我看到3D的所有治疗设备都很好奇，于是特蕾莎把他带到了视觉治疗室，让他戴上偏振眼镜观看偏振立体图。透过眼镜去看，偏振图上的一些图形似乎向他飘近了，另一些则退到了远处。特蕾莎俏皮地建议他把眼镜倒过来戴。这下，原先飘近的图形退远了，原先退远的图像反倒飘近了。下午剩下的时间里，奥利弗继续试用所有的设备，直到双眼疲乏。晚餐时间我们去了一家意大利餐厅，我的儿子安迪也来了。大家相谈甚欢，奥利弗讲了和神经学有关的故事，安迪则唱了汤姆·莱勒的《元素之歌》，奥利弗听得津津有味。安迪也没吃甜点里的蓝莓，奥利弗便说，不吃蓝莓一定是你们这家人的特点（当天的照片见书末彩页图6和图7）。

然而到了第二天早上，气氛有了变化。我们在学院旅店碰面，三位访客是在那里过的夜。他们看上去心情不大好，似乎彼此之间有些紧张情绪。奥利弗常在写作中提到他对水的喜爱，所以我带着他们一起去曼荷莲的泳池游泳，领他们悄悄溜过体育馆的接待处。奥利弗和我兴致勃勃地游了几圈，鲍勃和拉尔夫则在一旁闲逛。游完泳，我们开车回到旅馆的停车场，他们回到自己车上，准备离开。我和鲍勃、拉尔夫拥抱告别，奥利弗则站在稍远的地方，笑眯眯地瞧着我们。从远处看，我们所有人都很融洽，但我还是能感觉到他们三个之间的紧张气氛。他们开车离开的那一刻，我真不知道自己该怎么想。

迷人但并不独特

　　那次见面之后，我一直焦急地等待着奥利弗的回复，他在 2 月 15 日写了一封信。信的风格和他出版的图书不同。他给一些单词画了下划线，插入了不少括号，许多段落塞满了杠杠点点，比如"—""——"，还有"……"（这里全部整理成单一的破折号）。他的许多想法就这样被勾勒出来，断断续续地散落在纸上。有时候，读着奥利弗的来信，我觉得自己正在见证他思考的过程。

OLIVER SACKS, M.D.
2 HORATIO ST. #3G · NEW YORK, NY · 10014
TEL: 212.633.8373 · FAX: 212.633.8928
MAIL@OLIVERSACKS.COM

奥利弗·萨克斯　医学博士
纽约州纽约市霍雷肖街 2#3G　邮编：10014
电话：2126338373　传真：2126338928
MAIL@OLIVERSACKS.COM

亲爱的苏：

很高兴我们三个（"视觉小队"）几乎不必客套便能登门拜访，同你和鲁杰罗医生一起度过了许多时光。

随后，奥利弗为自己没能更早回信表达了歉意，说是因为近期出行太多，接下来他的信进入了正题：

在与你交谈之后，我觉得你在年幼时期其实有过立体体验（尽管短暂且不常见，而且只针对非常近的区域），而这正是立体视觉后来得到巨大发展的原基[①]——如果你没有佩戴棱镜眼镜，或是没有坚持刻苦练习（这一点同样重要），就不会有这样的进展。这一定是一项罕见的成就——鲁杰罗医生认为这是"特例"——要不是你自己有强烈的兴趣和动力，（就算有原基）这种情况是无法也不会出现的。因此，对于大多数只有单眼视觉的人来说，这并不能被当成一种治疗方法，甚至连希望都谈不上。

尤其打动我的，是你在立体视觉中明显体会到了快乐——正如你知道的，我也有同样的快乐。如果没有感到快乐，不对它心存珍惜，我怀疑你还能不能坚持练习——在你看来"回报"丰厚、意义非凡的东西，对其他人来说可能不是很有意思，或者不算很强的动力。纽约立体协会的每个成员都对立体视觉很"上头"，但大多数人可能不会如此。或者他们并不关注这个，觉得这都是理所当然的。你这样的经历（或者正好相反的艾萨克森的经历）说明拥有立体视觉（或色觉）是多么优越，把这当作分内应有或者理所当然是多么错误。

我不认为你应该强迫自己去看随机点立体图——说到底，它们和现实生活没有关系（或者关系不大）——但我感兴趣的是，随着练习

---

① 指后续发展的基础或根基。

27

的持续，你对深度的感知能否增强，你体验立体的能力能否提升——能否从更小的差异中看到立体（你的"苍蝇"①或者特蕾莎医生的"驯鹿"测试进展如何）。我认为，大约每月测量一次苍蝇翅膀的高度会有所帮助。在同鲍勃和拉尔夫聊过之后，我还会有一些其他的想法和建议——但现在，我只想代表我们所有人感谢你，并且希望我们能再次拜访你。

请代我向丹传达最美好的祝愿——希望下次能见到他。

奥利弗

2005 年 2 月 15 日

我一直没有弄清楚奥利弗、鲍勃和拉尔夫之间的氛围为什么在访问结束时变得那么紧张，但这封信可能提供了一个线索。他们是在为怎样解释我的情况而争论吗？也许奥利弗没有排斥我的故事，但他的处理十分谨慎。毕竟，我的视觉经验和半个世纪以来的科学知识存在矛盾，奥利弗认为立体视觉只能在幼年的"关键期"形成，但我不同意奥利弗的看法。我并不认为自己在四十八岁获得的立体视觉依赖于幼年的一些立体经验，是这些经验为后来的发展提供了原基。相反，我的视觉系统和视觉正常的人一样，是依照双眼观物的方式组织的，尽管我从婴儿时期就患有斜视。

当我们能够将两只眼睛看到的图像融合成一张三维图像时，就产生了立体视觉。这种融合可能是借助一些双眼细胞实现的，这些神经细胞存在于大脑负责视觉的部分，会接收来自双眼的刺激。我们不知道双眼

———————————

① 指立体苍蝇。

细胞是什么时候开始在人脑中发育的。我们一出生就拥有它们，还是在婴儿早期也有一个发育的关键期？婴儿时期的斜视是否会阻碍双眼细胞的发育，从而阻碍立体视觉的形成，还是说斜视会改变人们使用这些细胞的方式？

只有在双眼同时瞄准同一片空间区域时，我们的双眼系统才能融合来自两只眼睛的图像。因为我有对眼，所以两只眼睛无法瞄准同一位置。如果同时留意双眼输入的信息，我就会看到混乱的双重影像。因此，在婴儿时期，我就学会了抑制来自左眼或者右眼的信息。于是，我可能保有的双眼细胞会接收单眼的强输入，另一只眼睛的输入则非常弱。在视觉治疗中，通过合理的双眼协作练习，我学会了将两只眼睛同时对准空间中的同一个地方，为我的双眼细胞提供相互关联的输入。现在，来自两只眼睛的信息可以通过我的双眼细胞结合起来，我也开始看到三维图像了。

因此，面对萨克斯医生的这封信，我的第一反应是失望和愤怒。在给他的回信中，我的情绪表露无遗。现在回想起来，我很惊讶自己能如此直率。

纽约州纽约市　10014

霍雷肖街 2#3G

奥利弗·萨克斯医生（收）

亲爱的奥利弗：

谢谢你 2 月 15 日的来信。我很高兴你穿越马萨诸塞州西部的旅行如此顺利，在几天内安排了那么多的活动，尤其是将南哈德利也纳入了行程。

看了你的信，我一直在思考。我不知道自己获得双眼视觉的经历对其他只有单眼视觉的人来说，算不算榜样，但我觉得你对这件事的看法有点过于草率，原因有以下几点。我在婴儿时期可能有过一些双眼视觉体验，但我早期的视觉经验更接近其他斜视患者，而不是具有正常双眼视觉的人。如果我的视觉皮层中保留了一些双眼细胞，那么其他斜视患者可能也是如此。糟糕的是，大多数眼科医生和视光师都认为，斜视患者没有发展出立体视觉的任何希望。至少，有好几位医生传达给我的信息就是如此。

我刚读了一位眼科医生的叙述，他在六十八岁时失去了一只眼睛的视力[1]，识别物体和避开障碍都成了难题，甚至不能顺利地给自己剪指甲。实际上，他认为自己成了残疾人。他从这段经历得出的主要结论是，成年人不应该选择单眼观物，也就是说，不应该通过调整眼镜，让一只眼睛专看远处，另一只眼睛专看近处。但他从来没有问一问我们是不是应该做出尝试，让斜视患者的双眼视觉得到改善，大概是因为他没想到还有这种可能。

你在信中写道，大多数人并不懂得珍惜立体视觉。这大约是事实。可能只有像上面提到的那位眼科医生一样，因为某种灾难失去立体视觉，一个人才会意识到它的价值。大多数人简单地认为，他们看到的世界之所以是三维的，是因为世界本来就是三维的（撇开弦理论不谈）。他们全然不知，是自己的大脑通过解析和处理二维视网膜提供的信息重建了三维图像。即使是向光学求教的早期伟人，比如欧几里得、牛顿和达·芬奇，也从未发现或描述过立体视觉。

我想知道立体盲对立体视觉会有什么反应。他们会比双眼观物的正常人更懂得珍惜立体视觉吗？他们会像我一样开心吗？我不会假定自己知道答案，因为在我认识的立体盲中，只有我自己发展出了一定程度的立体视觉。大多数立体盲即使双眼都有功能性视力，也永远不会有机会

---

[1] P. E. 罗曼诺，"一例双眼视觉和立体深度知觉骤然丧失的病例（68岁双眼视觉正常之人急转为单眼观物之苦）"，《双眼视觉与斜视》Q 18，No.1（2003）：51—55。

找到答案。

我去找鲁杰罗医生，原本是为了日常看东西能更加清楚。她说她的一些病人已经看到了立起来的世界，这引起了我的兴趣，但那时我并不认为自己能够获得立体视觉，也没抱什么希望。在咨询鲁杰罗医生之前大约十年，我曾经在曼荷莲看过一位眼科医生，并且跟他抱怨说远处的世界似乎在闪烁……他按照常规方法检查了我的视力，分别测试了每只眼睛的敏锐程度。按照他报告的情况，我每只眼睛的视力都可以矫正到20/20，因此我的担忧"都是心理作用"。我试着接受他的建议，但几年后的一次经历让我意识到，我能用视觉探索的世界越发明显地受到局限，难以超出身体周围十到二十英尺①的范围。

我和一位眼神很好的同事共同给八十名学生教授一门生物入门课。她问我为什么从来不理会在百人教室后排举手的学生。我告诉她，虽然戴着眼镜，但我并不知道后面有学生要提问。于是，她自己跑到所有学生的后面，在教室里坐好。每当后排有人举手，她就会使劲挥舞手臂，试图引起我的注意。接下来，她会夸张地朝着要提问的学生打手势。这些疯癫滑稽的举动学生们可能全都看到了，但她们很有礼貌，没有说什么。这很有趣，但也很令我沮丧。

因此，去看鲁杰罗医生时，我决心要找到一种方法，让我看远处时自在一些，视线更稳定，开起车来更有信心。给眼镜配的棱镜改善了我的视力，这让我非常兴奋。鲁杰罗医生也曾事先声明，视觉治疗不一定对我有用，而且治疗过程既艰苦又乏味，但值得感激的是，她给了我尝试的机会。在治疗过程中，我可能比别人更加努力。我是喜欢反复练习的（就像喜欢一圈圈地游泳一样）。然而，刚开始做珠子练习，我的视觉就发生了变化。我几乎立刻就得到了积极的反馈，这也让我坚持了下来。而且，我的视觉不仅在深度知觉方面有所改善，整体清晰度也提高

---

① 编者注：1 英尺 =0.304 8 米。

了……边界变得更加清楚，一切都显得更加分明。

假定患者不愿意接受视觉治疗，或是假定立体盲并不珍视清明、立体的视觉，那么医生就永远不会给患者接受治疗的机会或者选择。这种选择应该由患者自己来做，而不是由医生代劳。我们陷入了一种恶性循环，人们认为视觉治疗对斜视患者没有帮助，所以不怎么提供治疗，也就无从得出实实在在的结论。我们就是没怎么进行过试验。

现在，我在这个问题上发泄了不满情绪，我承认自己对立体视觉有一种特殊的感情。你送的海洋生物立体书让我获得了极大的乐趣。我差不多每天晚上都看，几乎能感觉到自己掉进了海礁的峡谷，或是被卷进了水母的触须。我享受你们来访的每一分钟，甚至没能从随机点立体图中看到图像时也一样，我非常喜欢鲍勃和拉尔夫。欢迎你和你的朋友们随时来访。丹和我也可以去纽约，我们很乐意去大城市旅游。

保重，

苏

Sue

2005 年 2 月 23 日

正如第一次见面时，奥利弗的提问（你能想象用两只眼睛看到的世界是什么样子吗？）曾令我触动，他在 2 月 15 日信中提出的问题也在此时缠住了我。我获得立体视觉的经历是一种特例吗？其他立体盲会像我一样，对立体视觉感到欣喜若狂吗？我的反应会不会太夸张了？尽管我在最初的信中提到过，我不知道还有谁在成年后获得了立体视觉，但我讨厌被说成是特例。因为从小就有严重的对眼，我一直觉得自己是个怪物。就算通过手术矫正了对眼，我在读书、骑车，还有学缝纫的时候，依然遇到了很多困难，我知道自己身上有某种缺陷。也许只要接受正确的训练，其他斜视患者也能学着看到立体。我必须找到和我一样的人。

于是我求助于互联网，没过多久就找到了几位。前一封怒气冲冲的信寄出十五天后，我又给萨克斯医生寄了一封信，向他描述了另一些在成年后获得立体视觉的人，而且他们和我一样，对新的视觉体验表现出了极大的热情。

纽约州纽约市　10014
霍雷肖街 2#3G
奥利弗·萨克斯医生（收）

亲爱的奥利弗：

　　……

　　下面这段话来自一位名叫雷切尔·库珀的女士，她患有弱视，原本只能单眼观物，三十三岁才获得立体视觉。因为自身的视觉变化极具说服力，她创建了一个组织，还有相关网站，也就是视光师网，用来帮助其他人找到合适的视觉治疗师。以下内容摘自她的故事，她在其中描述了自己的视觉变化：

　　……

　　我承认，第一次看到眼前突现三维立体的世界，我感觉自己很像一个曾经瘫痪的人从轮椅上蹦了起来，跳起了吉格舞。这感觉真像遇到了奇迹。

　　从初次看到三维立体世界的那一天起，我就想告诉其他人，要珍惜正常的深度知觉和三维视觉，这些都是奇迹啊！你看，如果和身体缺陷斗争过，你很可能不会认为自己获得的一切是理所当然的。别人所谓的正常，对你来说永远是特别的！

　　附注：自从我有了立体视觉，人们总要我描述没有立体视觉是什么感觉。在此简短地回答一下：以前我眼中的世界看起来很平。感觉就像我在此处，而我看到的一切都在彼处。我无法用视觉感知或者目测我同其他物体之间的空间。现在我能看到三维，感觉世界在我周围。无论是看上去还是论感觉，空无一物的空间都是可感知的、真切的——生动的！

好了，朋友们，我得暂时告辞了。记住……三维的人生真的更美好。

雷切尔·库珀的这些话有力地支持了我的观点，于是我继续写道：

我给上面一些引用的句子加了下划线，因为这些话语恰好也反映了我的体验。如果你读了雷切尔·库珀的附注，还有我寄给你的第一封信结尾部分关于看雪的感受，（就会知道）在这两处描述中，我们获得立体视觉前后对空间感知的体验变化是完全一样的。

雷切尔·库珀写道，立体盲不会像双眼视觉正常的人那样，将拥有立体视觉当作理所当然的事。我很同意。举例来说，获得立体视觉和近视眼眼镜度数更新就很不一样。配了新度数的头一两天，你可能会注意到自己的视觉更敏锐了，但你很快就会习惯已经提高的视力，不再多想。眼镜度数更新并不是改变人生的大事。

而获得立体视觉，就算是我这种不上不下的立体视觉，也是全然不同的另一回事。身为一名生物学教授，多年来我向无数学生讲授过立体视觉的机制。我完全了解理论中的立体视觉，但我没有体验过立体视觉。我无法想象那是什么感觉，尽管我曾经以为自己可以。我向你提到过近距离观察植物时看到的深度变化，但那些时刻太短暂也太少见，我无法从中理解什么是立体。没有体验过立体视觉的人根本无法想象立体的世界是什么模样。因此，获得立体视觉是巨大的惊喜和恩赐。看到物体之间的空间是一种全新的体验。经过了三年，看过了数百万立体景物，我依然每天为自己的新视觉感到惊奇。获得立体视觉真的是一件改变人生的大事。

然后，我又提到另外两个成年后获得立体视觉的人，引用了他们的话，并且用以下段落结束了这封信：

　　对我来说，发现其他人经历了与我相似的视觉转变是一件极其激动人心的事。不过，对于在网上读到的东西，我总会保留一点怀疑。我给视光师网写了一封信，并且给在个人网站上讨论过视觉治疗的几位视光师发了电子邮件。我希望能够找到和我一样因为获得了立体视觉而兴奋雀跃的人，并且与他们通信。如果成功了，我就把他们的故事讲给你听。

　　丹、安迪和我，还有丹的三位热情的姐妹将一同前往热带地区度假一周（可怜的珍妮因在大学里做事）。也许我们回来的时候，春天就要来了。

　　请代我向鲍勃和拉尔夫致以最美好的祝愿。

你立体观物的，

苏

Sue

2005 年 3 月 8 日

　　几天后，多亏耶鲁大学纽黑文医院有一些办事高效的办公室职员，他们从存档中挖出了我在 1956 年、1957 年和 1961 年的三次手术记录，并且寄了过来。我把这些资料也寄给了奥利弗。

　　3 月 11 日，奥利弗给我回了一封态度严谨但表达了支持的信，还指出他之所以说我是"特例"，是因为我在最初的信中就是这样描述自己的！他用自己的签名回应了我的签名（你立体观物的）。我觉得他是想把信的篇幅控制在一页之内，所以签名倒着出现在信的最上方。他一定是把信侧着重新插入打字机，才把附注也打了上去。

OLIVER SACKS, M.D.

2 HORATIO ST. #3G · NEW YORK, NY · 0014
TEL: 212.633.8373 · FAX: 212.633.8923
MAIL@OLIVERSACKS.COM

March 11, 05

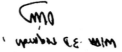

Dear Sue,

PS When I was in England I spoke of you to Professor Richard Gregory, who is the world's greatest expert on visual perception in general and stereopsis in particular. Would that you could go to his Lab in Bristol

I have just got back from (a week in) London, rather
jet-lagged, and with a huge mass of mail whi ch has accumulated -
but I am happy to find in it your letter of March 8, and
the old records which were exhumed (and of which I have sent
a copy to Bob).

It is going to take me - perhaps all of us - a certain
time (and exploring) to gain perspective here. I really
have no idea how common, or otherwise, the achievement of
stereoscopy (in adult life) is - nor the pre-requisites
for this (in terms of physiological potential, and in terms
of the techniques and work needed to realize the potential).
If I used the words ' rare ' or ' unique ' it is because
you, in your original letter, said that you knew of no
comparable accounts, and because you r optometrist too
indicated that, in her experience at least, such achievements
of stereoscopy were not common.

It is intriguing, therefore, that you have been able to
'google ' some accounts seemingly similar to your own
experience - and I understand how exciting this must be
for you ; though I also think you are right to feel
a certain reserve or caution regarding them. I think that
all such testimonies have to be subjected to careful empirical investigation.
The ' Achromatopsia ' Network - which I mention at the end
of ' The Island of th e Color Blind ' - is a great comfort
(and resource) to people with (retinal) achromatopsia -
and it may be that there is a comparable 'Stereopsia ' network -
so I will be very interested in whatever contacts you are able to
make. Meanwhile I shall forward your letter to Bob and Ralph -
as well as the fascinating account of the man who lost stereopsis.

奥利弗·萨克斯　医学博士

纽约州纽约市霍雷肖街 2#3G　邮编：10014

电话：2126338373　传真：2126338928

MAIL@OLIVERSACKS.COM

亲爱的苏：

　　我在伦敦待了一个星期，刚刚回来，时差还没有调整好，邮件堆积如山——但我开心地发现其中有你 3 月 8 日的来信，以及被挖掘出来的旧记录（我已经给鲍勃转寄了一份复印件）。

　　我——也许是我们所有人——需要一定的时间（和探索）才能看清楚你的情况。我确实不知道（在成年后）获得立体视觉的现象有多普遍，或者说有多罕见，也不了解其中的前提条件（在生理潜能方面，以及在实现潜能所需的技能和努力方面）。如果我使用了"罕见"或"独特"这样的词，那是因为你在原先的信中说过，你并不知道类似的事例，而你的视光师也表示，至少在她的经验中，像你一样获得立体视觉的情况并不常见。

　　因此，能在谷歌上搜索到一些看起来与你自身经历相似的叙述，这是非常吸引人的——我理解你必然会为此兴奋不已；不过我也认为你理应在一定程度上保留意见或保持谨慎。我认为，这样的证言全都需要经过仔细的实证调查。我在《色盲岛》的结尾处提到过色盲的人际网，这对（视网膜）色盲患者来说是一种极大的安慰（和资源）——也许与之类似的立体盲人际网也是存在的——所以我对你能够与其他人建立的任何联系都非常感兴趣。同时，我会将你的信，以及那个失去立体视觉的人的精彩叙述转寄给鲍勃和拉尔夫。

　　附注：我在英国时曾向理查德·格雷戈里教授提起过你，在视觉感知领域，他是全世界最棒的专家，尤其了解立体视觉。要是你能去他在布里斯托的实验室……

谨此致 3D 之意，

奥利弗

2005 年 3 月 11 日

　　受到奥利弗这封来信的激励，我开始了为期三周的深入研究。我花了很多时间阅读科学论文，并且联系了其他获得三维视觉的人，以及帮助过他们的视光师。我全身心投入其中，决心向奥利弗证明我的情况不是特例。在我看来，他代表了世界上大多数怀疑者（科学和医疗机构的人），但他也是一个会深思熟虑、能共情别人、心态开放的人。到了四月中旬，我已经获得了足够的病例资料，可以给奥利弗写一封更像是"檄文"的长信：

纽约州纽约市　　10014

霍雷肖街 2#3G

奥利弗·萨克斯医生（收）

亲爱的奥利弗：

　　希望收到这封信的时候，你一切都好，正开着你常在写作中提到的高级混合动力车快乐兜风，就是前排座位后面装了一叠元素周期表，从口袋里探出来的那辆车。

　　三周前结束度假回来，我开始寻找成年后发展出立体视觉的人。

就像奥利弗在上一封信中建议的那样，我需要找到和我一样的人。接下来，我用单倍行距写了一封长达十页的信（第十一页还有参考文献，列出了我引用的科学论文）。在信中，我复述了四位成年后获得立体视觉的患者的经历，还包括与五位行为/发育视光师的对话。有些内容引自我和哈佛大学视觉科学家玛格丽特·利文斯通之间的电子邮件，她猜测我可能一直拥有双眼细胞，只是刚刚学会如何使用它们。我深深扎进科学文献里，汇总整理了一些提出证据、表明幼年期出现斜视的实验动物依然留有双眼视觉功能的论文。我还提醒奥利弗，他也不喜欢别人说他是"特例"。

我的视觉故事和你在《单腿站立》中描述的经历有些相似。你在书中写道，你的外科医生拒绝承认你的腿在手术之后还存在任何问题，即使你的肢体没有本体感觉^①输入，你不知道出了什么问题，也没法自主控制它。（向医护人员抱怨自己的腿有异常情况时，你也不喜欢被称为"特例"——读到这里我忍俊不禁。）手术做完了，从解剖学上讲你的腿已经修复了，所以就算那条腿还不能用，这场手术也被认为是成功的。同样，一位非常能干的眼科医生在外观上矫正了我的对眼，但我几乎没有双眼视觉功能。我们都需要接受治疗，重新学习如何走路或是如何看世界。

我直言，奥利弗在鲁杰罗医生的办公室里看到的视觉治疗术（比如聚散球）通过方便管控、循序渐进的步骤治好了我的眼睛。这些过程合理而又简单，当然不会建立在迷信或谬论的基础上。

一旦学会用双眼同时凝视同一点，我就开始看到深度了。当我能够

---

① 本体感觉即身体感觉到自身运动、不必观看也能知晓肢体在空间中位置的能力。例如，由于本体感觉的存在，你闭着眼睛也可以用手指触摸到鼻子。

让双眼稳定地注视更远处的点时，我就能看到更远处的物体凸显出来。事后看来，这个过程似乎出奇地简单。但那些被斜视、弱视①，以及其他状况影响了双眼视觉的病人，却通常接触不到这些合理的康复技术，这令我十分困扰。

借着最后一句，我触及了一个棘手的问题：眼科医生用手术治疗斜视，发育/行为视光师用视觉治疗纠正斜视，两边互相之间对立情绪很重。这两类医生很少合作，所以那些可能需要全面治疗的患者无法如愿。

眼科医生可以从外观上矫正斜视患者的眼睛，但手术并不一定能改变视觉。而视觉治疗师可以教会患者用两只眼睛一起看的方法，发展立体视觉。

有了奥利弗对这段经历的关注和认可，我比以往任何时候都更想讲出自己的故事。于是，我在最后写了这样一段话：

双眼视觉欠缺和立体盲不是什么重大的悲剧。立体盲不会像失明、失聪，或是什么严重的神经问题那样，让人变得很不健全，但这确实会给患者的日常生活带来困难，因为对患者来说，阅读、驾车这些基本技能都会变得很难掌握。而且，立体盲还会从人们眼中大肆抹除世界的丰富和美妙。没有立体视觉提供空间感，立体盲总是在看平铺的世界，无法真正感觉到自己身处三维环境之中。当立体盲开始看到世界变大，物体凸显，他们会知道自己获得了一份巨大的恩赐。这份恩赐就是双眼视觉和立体视觉能力，兴许正沉睡在许多斜视和弱视患者的大脑回路中。

---

① 弱视，俗称"懒惰眼"，一种单眼或双眼视力下降的视觉问题，无法通过镜片矫正，也不是由眼部疾病引起的。

通过适当的治疗，双眼观物的潜力也许能够重新苏醒、再度组织起来，让这些人学会更细致、更清晰、更深入地观察世界。

写完这封严肃而冗长的信，我附上了一份参考文献清单，包含十二篇发表在科学期刊上的文章。因为需要缓和一下气氛，所以我的签名是这样写的：

你多维度的，

苏

Sue

2005 年 4 月 12 日

就算感觉被我的长篇大论围困住了，奥利弗也从不抱怨[①]。尽管人在路上，他还是马上回复了我 4 月 12 日写的信，还在信中提供了一些耐人寻味的信息。

---

① 最近，我在劳伦斯·韦施勒的《萨克斯医生，你好吗？》一书中读到，奥利弗曾给当时伟大的苏联心理学家 A. R. 卢里亚写过一封长达八十八页的信，与之相比，我的长信也显得简短了。

OLIVER SACKS, M.D.
2 HORATIO ST. #3G · NEW YORK, NY · 10014
TEL: 212.633.8373 · FAX: 212.633.8928
MAIL@OLIVERSACKS.COM

April 16, 05

Dear Sue,

Thank you for your most remarkable letter of the 12th which
I have just read with great attention and fascination (but it will
require several re-readings, I suspect). You have done a huge
amount of research, both in the literature, and in contacting
other individuals, since your last letter - and a huge amount
of thinking : indeed your experience (and that of others),
as the French say, " gives one furiously to think ".

I am not sure (I have been away a lot) whether I acknowledged
your previous letter, your relaying the early information about
surgery etc, and the fascinating case=history of the doctor
rendered monoular .. but if I did not, let me thank you ,
belatedly, now.   I will, of course, send a copy of your new
(April 12) letter to Bob Wasserman and to Ralph (whom I will
be seeing in a couple of days).

I was most interested by Margerie Livingstone's letter - and
when I met Hubel and Wiesel at a recent meeting of the NY Academy
of Sciences (I had met them both before), I spoke to them briefly
about your experiences, and they were both intrigued, and encouraged
me to explore more. There may be a dogma, as you say, but they
themselves are as open as can be ..   I feel, and have felt, since
receiving your first letter, that all these issues need a wide (and
wise) publication, but am not sure at the moment how this would be
best done, and who should do it. **with stereographs.**   Oliy

奥利弗·萨克斯　医学博士

纽约州纽约市霍雷肖街 2#3G　邮编：10014

电话：2126338373　传真：2126338928

MAIL@OLIVERSACKS.COM

亲爱的苏：

　　谢谢你 12 日那封极为出色的信，我刚刚专心致志、颇为入迷地读完它（但我想这信还得再被读上几遍）。从你的上一封信到现在，你完成了大量的研究调查工作，既查阅了许多文献，也同其他人接触交流，还进行了大量的思考。的确，你（和其他患者）的经历正应了法国人的那句话，能够"激起万千思绪"。

　　我不确定（我前阵子经常外出）自己是否就你的上一封来信表示过感谢，你传达了手术等事务的早期信息，还提到了一个令人入迷的病例，关乎一位医生转变为单眼观物的经历……但如果我未曾提起，请允许我现在向你表示迟来的感谢。当然，我会把你新写的（4 月 12 日）信的复本寄给鲍勃·沃瑟曼和拉尔夫（我过几天要和他见面）。

　　玛格丽特·利温斯通的信激起了我最大的兴趣。在纽约科学院近期的一次会议上见到休伯尔和维泽尔时（我和这两位并非头次见面），我向他们简单地讲述了你的经历，他们都觉得很有意思，并鼓励我深入了解。也许如你所说，有很多人拿他们的学说当教条，但他们自己的心态是极为开放的……自从收到你的第一封信，我就感觉所有这些问题都需要被广泛（且明智）地公开，这种感受一直都在，但我目前还不确定应该由谁出面，怎样才能把事情做到最好。

谨此致立体之意，

奥利弗

2005 年 4 月 16 日

奥利弗在信中把玛格丽特·利文斯通的姓名打错了（写成利温斯通）。那些小图片是奥利弗手绘的立体双图。一对图片之中，一个近似右眼看到的图像，另一个近似左眼看到的。把两者"自由融合"成一幅有立体深度的图像给了我不少乐趣。这样做的时候，我可以集中双眼，进行会聚融合，也可以将目光投向页面之外，进行发散融合。

奥利弗的这封信让我反复琢磨了很久，尤其是这句话："自从收到你的第一封信，我就感觉所有这些问题都需要被广泛（且明智地）公开，这种感受一直都在，但我目前还不确定应该由谁出面，怎样才能把事情做到最好。"我猜奥利弗不想偷走我的故事，而我又没有信心自己发表这段经历。小时候我有对眼，时常觉得自己像个怪胎。阅读、骑车和驾车这些日常技能对我来说是那么难以掌握，我感觉自己就是不行。如果写出了这些经历，却被贴上无知、天真甚至妄想的标签，我一定会崩溃的。我从来没有向奥利弗解释过这一切，但我想他已经理解了。

更重要的是，奥利弗的信中还有一个格外耐人寻味的细节。他向休伯尔博士和维泽尔博士描述了我的情况，他们是诺贝尔奖获得者，也正是提出视觉发育"关键期"的科学家。如果他们像奥利弗写的那样"心态极为开放"，那么我也许应该鼓起勇气给他们写信。于是，2005 年 5 月 7 日，我给大卫·休伯尔发了一封电子邮件。他在 5 月 27 日回复，表示拖了这么久很抱歉，并且解释说他的带状疱疹刚刚治好："非常感谢你发来这封迷人的信，描述了你患斜视的经历、矫正双眼后极佳的康复效果，还有治疗过程。"他感到"遗憾"的是，他和维泽尔对斜视的研究还不够完整。没有人知道刚出生的猴子或人类婴儿体内有没有协调立体视觉的双眼细胞，尽管他的预测观点是有。如果这些细胞存在于新生儿体内，那么它们可能确实也存在于像我这样从婴儿时期就患有斜视的人体内。"看过你的描述，如果让我来猜测的话，"休伯尔写道，"我会说，你可能一直都有能力看到立体，只是双眼协调太差，所以这种能力无法显露出来。一旦问题得到纠正、融合得以实现，立体视觉就会变得明显。"他甚至认为（事实证明也确实如此），通过更多的训练，我的立体视觉还能得到改善。

休伯尔也收到了奥利弗的来信，并且给了他同样的回复。在发给我的邮件的结尾，他表示愿意把自己的新书《大脑与视觉感知》寄给我。休伯尔博士之所以能获得诺贝尔奖，原因之一是他有关键期的研究成果。我的视觉变化恰恰对这个概念提出了挑战，但他还是相信了我的故事。这封邮件读到最后，我已然在颤抖。

* * *

十二天后的6月8日，奥利弗给我打了电话。他先是打到家里，跟丹聊了聊，丹告诉他那个夏天我在马萨诸塞州的伍兹霍尔，为海洋生物实验室指导"小草奖学金"项目。孩子们一放假，丹就会带着他们去那里跟我会合，所以他建议奥利弗等到8月，在科德角附近水域聚集起夜光虫（一种会发光的微生物）的时候来拜访我们。这让奥利弗很感兴趣。只有一件事比游泳更棒，那就是在有发光生物的海里游泳。

奥利弗通过实验室的电话联系到了身在伍兹霍尔的我，我们先聊了夜光虫以及见面的可能。然后，奥利弗颇为犹豫地告诉我，他把我的故事写了出来，想确认一下有没有问题。没问题吗？当然没问题。奥利弗问我觉不觉得自己太着迷了。我回想了深夜所做的所有研究，还有接二连三的信件，所有这些都是为了向他证明我的经历不是特例。是的，我告诉他，我可能就是太着迷了。我不介意他这样问。我想，人们就是这样相互了解的。

　　我的猜想是，奥利弗之所以愿意撰写和发表我的故事，我所有的信件和研究及休伯尔的想法起到了劝说作用，但原因又不止于此。他所考虑的不仅仅是我在多种视觉测试中的表现，还有我面对和描述新视觉时的热情。令他触动的是，眼前的新景象让我如此喜悦，它们在我笔下"饱含深情"（这是他的措辞）。他并没有把我的"着迷"和兴奋理解为癫狂或妄想。他认真地对待我，并因此明白，我的视觉经历了怎样深刻的变化。

　　视觉上的变化还给我带来了其他的转变，令我十分惊讶，但思虑更加全面的奥利弗也许更能平静处之。1976 年刚认识我丈夫的时候，身为电气工程师的他说我像个"低通滤波器"。这算是一种夸奖，意思是说我稳重平和，但我现在一点稳重平和的感觉也没有了。每一眼，我看到的一切都是崭新的。我可以看到事物间空隙的体积和立体形状。树枝向我伸来，灯具浮在空中。去超市的农产品区逛逛，所有的景象和气味都令我陶醉。这一切让我这个硬核科学家感到非常困惑，但与奥利弗的通信帮助我理解了这些变化。八年后的 2013 年 7 月 9 日，我在信中对奥利弗说——

　　亲爱的奥利弗：

　　　　……

　　我的视觉变化也带来了危机。我一直很依赖还原论在科学中的解释力。（啊！我提到了"力"，这是你最喜欢的字之一！）但现在，我不仅从外部了解了神经科学，还从自身体验了它。我当然不认同笛卡尔的二元论①，但我发现借助实验和图表所能解释的东西没有我们以为的那么多。视觉变化的路线图在我的头脑中铺展，但无论多么精确、完整和详

---

① 笛卡尔认为心灵思想和大脑器官是完全分离的。

细，它都无法解释当我开启立体视觉时所经历的整体感知变化，那种顿悟的体验，还有强烈的情绪。

……

更重要的是，科学家和医生太过执拗于关键期的教条，错误地判断了我的视觉能力。（不过大卫·休伯尔给了我极大的支持，毫不吝啬为我所花的时间。）受到关键期的思维束缚，斜视和弱视患者依然很难获得需要的治疗。我觉得自己要完全摒弃还原论式科学了，它的看法太狭隘、太零碎（这是你用过的描述，我很喜欢）、太过非人化。如果再也没有任何幻想，我要如何继续当这个科学教授呢？

我在你的作品，尤其是你在《单腿站立》对自身幻想破灭的描述中找到了一些答案。在最后一章，你抨击了杰克逊、谢林顿、海德、列昂季耶夫、扎波罗热茨，甚至卢里亚①的狭隘之处，但你并没有全盘否定他们。

他们陷入了"科学本身的困境"。学习他们描述的机制和框架吧，但要认识到这些部分加起来并不等同于整体。它们无法解释一个完整的个体为何会有总体气质、自发行为、认知观念，以及整体性（完全形态）。从你的文章《盲点：科学史上的遗忘与忽视》②中，我获得了看待自身经历更加客观、更有历史视角的方式。偶然接受了视觉治疗的我非常幸运。视觉治疗先驱弗雷德里克·布洛克是一位十分优秀却几乎被遗忘的视光师，他的整体观念远远超前于他的时代（早熟）。渐渐地，我意识到自己需要更广泛地阅读，吸收其他学科的思想。我不需要摒弃还原论式科学，让它走下神坛就好。于是，我感到的不再是幻灭，而是解放。

---

① 这些人都是杰出的神经科专家，A. R. 卢里亚曾与奥利弗通信，给予他指导。
② 这篇文章最早出现在 R. B. 西尔弗斯的《鲜为人知的科学史》（纽约：《纽约书评》，1995 年）中，后来收录于萨克斯的《意识的河流》（纽约：阿尔弗雷德·A. 克诺夫，2017 年）。

* * *

　　如果你观察到的结果同人们普遍信奉的观点或根深蒂固的教条有冲突，你会怎么做？是认为自己的观察存在偏差和缺陷，不应该纳入考虑，还是质疑权威？奥利弗如此认真地对待我的信件，这让我有信心相信自己的观察。

　　更重要的是，"着迷"并不是奥利弗和我唯一的共同点。我们都借助书写获得最好的思考状态。奥利弗书写了我的经历之后，我依然会给他寄信。正是在我们不断通信的过程中，我审视、整理并最终出版了自己的故事。我从患者变为"典型代表"，又成为作者，但这些都是后话了。我们先从"立体的苏"讲起。

夜 之 光

在给奥利弗的下一封信（2005 年 6 月 13 日）中我写道："我不介意你把我从现实中的人改成角色。"这是在回应普里莫·莱维的那句话，奥利弗曾在童年回忆录《钨舅舅》的致谢中引用过。通过这种方式，我告诉奥利弗，我相信他能充满同情、准确无误地写出我的故事。我还附上了完整的视觉日记，又答复了奥利弗之前在电话中提出的几个技术问题。当时我在伍兹霍尔，为海洋生物实验室指导"小草奖学金"项目，周末才回到南哈德利的家中。因此，在回答了奥利弗关于我视觉的所有问题之后，我从他和我都喜欢的诸多伍兹霍尔趣事中选了一些，开心地写了下来：

很不一样的是，前几天我花了一些时间观察海洋生物实验室一个水缸中的鱿鱼。鱿鱼的眼睛在头部靠后的位置。有了这样的安排，我敢打赌它们既能看到前方，也能看到后方，这是有道理的，因为它们既要向前游，也要向后游。我找到了一篇由 J. 泽德·杨撰写的文章，文中比较了章鱼和鱿鱼的眼部肌肉。鱿鱼有额外的眼部肌肉用于会聚目光，它们可能拥有双眼视觉，这兴许非常有助于准确地伸出触手捕捉猎物。

我最近读了你的《瓦哈卡游记》，非常喜欢。我还学到了一个新词——化石猎人①（不查一下我还真不知道）。我同植物学家和观鸟人一起远足、露营过很多次，他们让我想起了你笔下的蕨类植物学家。面对外面的世界，优秀的博物学家竟然能观察到如此多的细节和精彩，总是让我印象深刻。记得有一次，我和一位鸟类学家朋友在海边观鸟。我们听到一声鸣叫，鸟儿还未现身他便开口："啊，是一只角䴙䴘，而且披着一身春天的羽衣。"只听一声鸣叫，他便知晓了一切。

这个周末，我回南哈德利的家看丹和安迪。周日回到伍兹霍尔，下车后我感觉很不自在，坐立不安，于是我直奔海滩，今年夏天第一次在大海中游起了泳。海水冷得几乎能让人停止血液循环，和我一起泡在海里的温血动物只有一只急着叼回皮球的小狗。尽管如此，我还是很享受这次游泳，这真的让我摆脱了在公共汽车上连坐好几个小时的感觉。

今天，我向一位原生动物学家朋友询问夜光虫什么时候最多。她说夜光虫通常在 7 月下旬现身，8 月达到高峰。她不知道"赤潮"现象，即芬迪亚历山大藻大量增多，会对夜光虫的数量产生什么作用，但她认为影响不会很大。非常欢迎你 8 月来访，和夜光虫一起游泳。

如果你还需要其他信息，请告诉我。我还附上了我同大卫·休伯尔之间的电子邮件，还有供你锻炼视力的专属聚散球。

你双眼观物的，

苏

Sue

五天后，奥利弗回信了。

---

① 化石猎人即搜寻宝石和化石的人。

OLIVER SACKS, M.D.
2 HORATIO ST. #3G · NEW YORK, NY · 10014
TEL: 212.633.8373 · FAX: 212.633.8928
MAIL@OLIVERSACKS.COM

奥利弗·萨克斯　医学博士

纽约州纽约市霍雷肖街 2#3G　邮编：10014

电话：2126338373　传真：2126338928

MAIL@OLIVERSACKS.COM

亲爱的苏：

　　这封信非常简短，因为我风风火火地去了一趟阿拉斯加，刚刚回来。

　　奥利弗概述了他最近的旅途经历，还说他即将前往伦敦。然后，他用一段满是形容词的文字讲起了这封信的主要内容——我的视觉故事：

　　感谢你用极为详尽、弥足珍贵的描述阐明了立体视觉的"各个阶段"，还有你精彩至极的日记，包括在 2002 年 2 月第三个星期，重大变化发生前颇为关键的那几天记录①，也感谢你愿意让我这个拥有一般立体视觉的人写写你和你的经历。我保证会心怀尊重。

---

① 此处奥利弗所说的"2 月第三个星期"，指的是我第一次看到三维世界的时间。

奥利弗还在修改稿件，等他旅行回来就会寄给我。最后，他写道：

　　罗杰·汉隆[1]给我写了一封很吸引人的信，我希望能（带上鲍勃，他也十分热爱风帆冲浪、皮划艇运动什么的）在 7 月前往伍兹霍尔，看看你俩／大家，到时候享受一下在发光的海里游来游去，以及浮沉的感觉。

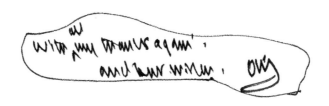

2005 年 6 月 18 或 19 日？

（不确定，有时差，搞得我晕乎乎的！）

签名处写的是"再次衷心感谢，并致以最美好的祝愿，奥利弗"。

＊　＊　＊

　　"亲爱的环球旅行家"，我在 6 月 27 日的信中这样称呼奥利弗，并且告诉他同亮晶晶的夜光虫一起游泳的最佳时间是 8 月份。7 月 9 日就是奥利弗的生日了，于是我给他寄了一个有鱿鱼图案的隔热架。奥利弗的下一封信是手写的，出现了他的众多自造词，还提到了他同化学元素的特殊羁绊。我把这封信打出来附在后面。

---

① 罗杰·汉隆是海洋生物实验室的资深科学家，他在世界各地旅行并研究头足动物。这些动物包括章鱼、鱿鱼和乌贼，是奥利弗最喜欢的一类生物。罗杰拍摄了许多头足动物的精彩照片，还有第一手的观察记录，可以在他两本图文并茂的科学图书《头足动物行为》和《章鱼、鱿鱼和乌贼》中找到，也可以在他的 TED 演讲和其他在线视频中看到。

OLIVER SACKS, M.D.

2 HORATIO ST. #3G • NEW YORK, NY • 10014
TEL: 212.633.8373 • FAX: 212.633.8928
MAIL@OLIVERSACKS.COM

July 15/05

Dear Sue,

Thank you so much for your nice
birthday card, and the handsome squid
sliver (which I have added to my
teuthobilia). It is hafnium, now, as you
say, and I have ordered myself a
little, bluish ingot of this as a lest I
forget ...

I hope I can stay over with you
and/or Roger ~~because~~ when I am in
Wood's Hole, and swim, kayak, float ~
and talk about robots, space, invertebrates
and — I confess! stereopsis.

My best to you both,

Oliver

亲爱的苏：

　　非常感谢你漂亮的生日贺卡，还有那个神气的鱿鱼隔热架（它已经加入我的鱿想国 teuthobilia[①] 中）。如你所说，我现在正当"铪"[②] 年，我已经为自己订购了一小块淡蓝色的铪锭，免得自己忘记。

　　……

　　希望我到了伍兹霍尔能在你和/或罗杰那里住，一起游泳、划皮艇、吃大餐——还要聊聊机器人、太空、无脊椎动物——当然还有立体视觉！

　　……

向你俩衷心问好，

奥利弗

2005 年 7 月 15 日

　　7 月 28 日，我收到了一封来自凯特·埃德加的电子邮件，她长期担任奥利弗的编辑和私人助理。

　　我刚给您寄了一份联邦快递到海洋生物实验室，里面是奥利弗的文章草稿，目前的标题是《立体的苏》。快递明天中午应该就能送到。我们热切期待您的反馈！

　　第二天联邦快递送来了奥利弗的文章，我读得很开心。奥利弗捕捉到了我第一次看到三维世界时的惊讶和喜悦，以及这种体验的新奇之处。他写道："但是，我们无法向立体盲传达立体视觉的感受；立体视

---

① "teuthobilia" 是奥利弗的自造词，其中 teuthis 即指鱿鱼。

② 奥利弗喜欢将人的年龄和元素的原子序数挂钩。他当时刚满 72 岁，而铪的原子序数就是 72。

觉的主观特质，也就是个人最初体验到的感受质①，是独一无二的，绝不比色彩的主观特质平凡。"

四天后，我给凯特回了一封电子邮件表达了我的看法，主要是为确保准确提了些修改意见，不过我也同奥利弗争论了一下关键期的概念。当天晚些时候，奥利弗回复了一封电子邮件（他本人不用电脑，是拜托凯特发出的），感谢我这么快就仔细读完了稿子。他采纳了我的大部分修改提议。

奥利弗和鲍勃在2005年8月11日到达伍兹霍尔，同罗杰·汉隆住了两晚，也同我们住了两晚。为奥利弗准备房间的时候，我在他的床头柜上放了一个立体画片镜玩具，因为他和我一样，上床以后喜欢先看看这类立体图片。进了我家，奥利弗先给了我一个拥抱，还递过来一个文件夹，里面装着新修订的《立体的苏》及一些信件的复印件，来自他咨询过的几位科学家。

第二天早上，我发现奥利弗起得很早。他把稿件全部摊在餐桌上，手里拿着钢笔，正在奋笔疾书。我提到《睡人》是我读的第一本他的书。因为我的母亲就患有帕金森病，我被书中的故事深深打动，从此迷上了他的作品。奥利弗告诉我，如果读得仔细，我也许能在书中分辨出他肩膀受伤后不得不口述而不是亲自书写的部分。

毫无意外，我们大部分时间都在一起游泳。我带着奥利弗和鲍勃从石滩游到彭赞斯角的石头突堤，这是我最喜欢的一段路线。出发的时候奥利弗相当稳健有力，结果一下子游出去很远。我和鲍勃吓了一跳，赶紧叫他往岸边靠一靠。我们到达石头突堤的时候，奥利弗凝视了好久长在那里的海藻，他仔细观察我家门口台阶上的苔藓时也是这样。哪怕是最不起眼的小东西也逃不过他的关注。

从海边回家的路上，我和鲍勃走在一起，奥利弗依然在我们前面不远处。到达我家前院的时候，我眼角的余光瞥见一个橙色的东西。我转

---

① V. S. 拉马钱德兰和 S. 布莱克斯利在《脑中魅影》一书中，将其定义为"知觉的初始感觉，比如'疼痛''红色'或'松露团子'的主观特质"。

头一瞧，发现奥利弗的泳衣正晾晒在树枝上。"哦，不！"我慌了，"他把泳衣脱了，现在什么也没穿！"我慢慢转过去看奥利弗，但他已经把大大的海滩巾牢牢裹在腰上，眼见我一脸担忧，他腼腆地笑了。

　　一个幸运的巧合是，我们租住的房子街对面就是奥利弗在《看见声音》里描述过的一个家庭。我们一起吃了丰盛的晚餐，天黑之后，我和丹、我们的孩子，还有奥利弗和鲍勃又回到了海滩，准备和夜光虫一起游泳。到达以后，我们遇到的两位海滩守卫要求我们离开。丹向他们解释说我们正在开展科学研究（有点牵强），然后他们就让我们去游泳了。大海被生物之光点亮，夜光虫晶莹闪烁，我们开心得手舞足蹈。

　　奥利弗和鲍勃第二天一大早就走了，我在两天后收到了这封信。

OLIVER SACKS, M.D.

2 HORATIO ST. #3G · NEW YORK, NY · 10014
TEL: 212.633.8373 · FAX: 212.633.8928
MAIL@OLIVERSACKS.COM

奥利弗·萨克斯　医学博士

纽约州纽约市霍雷肖街 2#3G　邮编：10014

电话：2126338373　传真：2126338928

MAIL@OLIVERSACKS.COM9

2005 年 8 月 15 日

亲爱的苏和丹：

　　那个周末真愉快，我和鲍勃玩得非常投入（但愿我们作为客人不算太难缠）。

我稍微改了改文章——采纳了你们的建议（很多都是你们的原话），还做了其他一些小的改动——扩展了立体视觉的早期情况（还可以进一步扩展，但那样就和其他部分不相称了），以及（如你们所见）插入了和<u>夜光虫</u>有关的愉快体验。所以稿子又更新了——现在我真想把它寄给我在《纽约客》的合作编辑。

然后，奥利弗问我要不要在文中取个化名，并且补充说："我个人很喜欢'立体的苏'，但我不想让你难堪，也不想冒犯你。"我想我从来没有告诉过奥利弗我有多喜欢"立体的苏"这个名字——它是那么跃动有力，节奏像极了《贝多芬第五交响曲》那个著名的开头！

一次小小的个人胜利

2005 年 9 月，奥利弗即将写完《立体的苏》。他给我寄来一封信，提到一个消息和一个问题。

OLIVER SACKS, M.D.
2 HORATIO ST. #3G · NEW YORK, NY · 10014
TEL: 212.633.8373 · FAX: 212.633.8928
MAIL@OLIVERSACKS.COM

奥利弗·萨克斯　医学博士

纽约州纽约市霍雷肖街 2#3G　邮编：10014

电话：2126338373　传真：2126338928

MAIL@OLIVERSACKS.COM

亲爱的苏：

我和凯特刚从欧洲回来——心情挺好，但时差还没倒过来，还有一大堆信件（以及大量的电子邮件）要处理。

不过，我收到了一封令人愉快的信，是大卫·休伯尔写的，他非常喜欢这篇文章,并且提出了一些有趣又重要的意见(尽管一贯谦虚的他表示这些意见并不重要,还补充说"你不应该修改任何内容")。几天后我要去波士顿,到时候会和他共进午餐,并且把《立体的苏》送往"心智、大脑和行为"研究组。

读到这里,我停了下来。这是我的故事第一次被呈现为病例,被不相识的神经科学家们讨论。我也是一名神经科学家,但现在我还是一个患者。这样的身份让我困惑,也让我不太舒服。

……

但有一个问题我还不太清楚——早上借助《隐藏的深度》(哈利·斯托里编著的自动立体图图书)"修整"自己的立体视觉时,我想到了这一点。你能"搞定"自动立体图吗?(如果你能,那就表明你也能搞定随机点立体图。)因为那其中(至少)有一些纯粹是抽象的点,跟随机点立体图差不多。具体来说,你能搞定这些吗?

说完这个,这封信就只剩下问好了——再次感谢你们的盛情款待,在伍兹霍尔真是太快乐了——我要向大家致以最美好的祝愿。

奥利弗

2005 年 9 月 28 日

我马上发了一封电子邮件,回答了他的问题:

我确实能从简单的壁纸自动立体图中看出深度。在这些立体图中,一个图形会横向重复排列,下面一行则会出现另一个不断重复的图形,以此类推。这类自动立体图大多会为每一行安排不同的深度，但有的时候，同一行的不同图形也会有不同的深度。我觉得这些壁纸自动立体图很容易看（而且相当令人兴奋），可能是因为我经常练习会聚和发散融合。

但奥利弗对我的电子邮件并不满意。他想知道我能不能从随机点立体图和"魔眼"自动立体图中看出图像，因为这些立体图中的图像只有拥有立体视觉的人才能看到。于是，2005年10月10日，我从一本"魔眼"图书中选出六张立体图寄给了奥利弗。我想对他毫无保留地坦白自己的视觉情况，所以详细讲述了我所看到的。例如，谈到其中一张"魔眼"图片（见书末彩页图1）时，我写道：

我清楚地看到了两个头，右边的头显示的是侧面，在左边露出正脸的头前面。丹告诉我，他还能看到这些头上的特征，例如眼睛。我没有看到那些，但确实看到两个头从平面的图片中浮现出来。

我还补充说，看到这些立体图中的三维图像时，"我有一种兴奋的感觉，就像电流穿过身体，我仿佛飘浮在画面之上"。

在信的末尾，我附上了送给奥利弗的一份特殊礼物——一张美丽的鱿鱼胚胎照片，在受精十二天后拍摄，长2.4毫米（见书末彩页图2），拍摄者是我的朋友凯伦·克劳福德①。

---

① 在信中，我还补充了以下内容："凯伦的头脑中有一整套鱿鱼胚胎的三维图，任她在脑海中旋转和操纵。她还是一个游泳健将。今年夏天，我们每周都会游几次泳，有过不少一同畅游大海的美妙经历。凯伦也是我认识的人中眼睛最灵的。她总是第一个发现飞过头顶的鱼鹰，或者因水下夺食激烈而跳出水面的小鱼。我们一起在海滩上搜寻海玻璃，她找到五块，而我只找到一块。"今天，在我写这封信的18年后，凯伦依然在研究鱿鱼发育。她和她的同事最先将CRISPR技术应用于鱿鱼胚胎，使用了技术难度极高的程序，凯伦堪称这方面的先驱。详见K. 克劳福德等人，"鱿鱼色素沉着基因的高效敲除"，《当代生物学》，30，No. 17（2020年9月）：3484—3490。

奥利弗如此关注我的故事，信任我的描述，这给了我信心，现在我考虑写一本自己的书，比奥利弗的《立体的苏》更详细地探讨双眼视觉、斜视、视觉治疗，以及神经可塑性。为此，我打算暂停教学工作。我在 10 月 14 日的电子邮件中向奥利弗提到了这件事，他的反应再积极不过。

奥利弗·萨克斯　医学博士

纽约州纽约市霍雷肖街 2#3G　邮编：10014

电话：2126338373　传真：2126338928

MAIL@OLIVERSACKS.COM

亲爱的苏：

　　这封信（相对）简短，是对你 14 号那封精彩来信的回复①（但我正受因于《纽约客》上另一篇文章的"收尾"工作——关乎失语症等，之后他们——还有我——都将重点关注"你的"文章。而我此刻主要思考的是音乐和大脑，我正在写这方面的文章）。

　　首先，感谢你发来鱿鱼胚胎的精彩照片，真的太精致了，我已经把它安置在了我的头足动物之门上，旁边还有另一些令人惊叹的鱿鱼图

---

① 奥利弗指的是我 10 月 14 日的电子邮件，而非实体信件。

（teuthian[1] pictures）。也谢谢你发来你能搞定的"魔眼"自动立体图（我已经补充了一些相关的内容——以及这种"幻觉"随时间的变化）。

感谢你（在上一封信中）转述特蕾莎·鲁杰罗的精彩评论——我会仔细考虑，等收到稿子校样时我再改改，融入这些内容。

最重要的消息是，你在考虑休一个立体假！没有人（从经验上）比你自己更有资格探讨人类视觉可塑性和成年后获得立体视觉的可能性了——作为一名神经生物学家，你还有一身的专业才能可以发挥。这样的身份组合相当有优势！

我很快就会再给你写信，但现在我时间太紧了。

奥利弗

2005 年 10 月 17 日

接下来，大约一个月之后，我消除了所有的疑虑，不再怀疑自己到底有没有立体视觉，正如我在 2005 年 11 月 25 日的下一封信中所描述的：

前几天，准确地说是 11 月 23 日，我第一次看明白了随机点立体图。我当时正在阅读贝拉·儒勒兹的著作《中央眼知觉基础》，我第无数次看了他的基本 RDS[2] 彩片图（我随信附上了这幅立体图的彩色复印件）。我觉得中央方形的中心区飘了起来，比四周要高，尽管这种感觉并不强烈。我不太确信，于是走进厨房，给自己泡了一杯茶，重新戴上

---

① 奥利弗又一次发挥了创造力，他想出了形容词 "teuthian"，这是从表示鱿鱼的 "teuthis" 一词变化而来的。

② RDS 是随机点立体图（Random Dot Stereogram）的缩写。文末彩页图 4 是随机点立体图的一个例子。

红／绿镜片，再次观看这张立体图。这一次，中央方形的中心部分从周围陷下去了，而它的边缘向更高处的四周倾斜。我很惊讶，不明白为什么凹凸颠倒了，但取下红／绿镜片时，我意识到自己调换了两边，本该位于我右眼前方的红色镜片换成了绿色镜片。这个偶然的错误让我确信，我真的看懂了随机点立体图。

我描述了随着训练继续，隐藏的方形如何越发明显地展现出深度，这番突破可能是近期视觉治疗的结果：我做了一些为减小双眼垂直差异而设计的训练。我在信的最后写道：

你在上一封信中提到，你现在正在创作关于音乐和大脑的著作。在写这封信之前，我有些犹豫，因为我不想打扰你思考。不过，我还是忍不住给你寄了一封信，描述这个小小的个人胜利。

祝愿你度过一个愉快的感恩节。

立体的苏

Stereo Sue

OLIVER SACKS, M.D.

2 HORATIO ST. #3G · NEW YORK, NY · 10014
TEL: 212.633.8373 · FAX: 212.633.8928
MAIL@OLIVERSACKS.COM

奥利弗·萨克斯　医学博士

纽约州纽约市霍雷肖街 2#3G　邮编：10014

电话：2126338373　传真：2126338928

MAIL@OLIVERSACKS.COM

亲爱的苏：

　　我本该更及时地回复你那封迷人的来信（11 月 25 日）——但我一直忙于写作（主要是关于音乐的内容）。

　　我想到了你会在自动立体图的帮助下渐渐获得其他进展——现在你做到了，可以从有难度的细粒度 RDS 中寻找图形了——很高兴红 / 绿镜片的偶然错位确认了新感知的存在，让你不再犹疑。这一定让你非常满足（这是真正的乐趣所在！），同时也证明你在最大限度地减小剩余垂直差异上做得非常好。

　　当然，我会把你所说的"小小的个人胜利"写进文章里——你说得对，但又不止于此：这是立体视觉最终的至善至美，或者说圆满（标签可真多！）。目前，这篇稿子还在《纽约客》——他们会自行推进流程，尽管无法预测具体时间（急不得）——一旦真的推进，流程就能很快走完。目前为止（我提过这个了吗？），他们只派了艺术家跟我见面，看看和立体视觉有关的设备、旧的立体书和图片，等等（尽管有些渺茫，但我希望他们能够首次发行以立体图为主题的特刊）。

　　今年事情真多啊！在圣诞节和新年即将到来之际，我向你，还有大家，致以最温暖的祝福。

奥利弗

Oliver

2005 年 12 月 13 日

岁末的噩兆

奥利弗信上的日期是 2005 年 12 月 13 日，邮戳上的日期是 14 日。三天后，他发现自己的右眼出现了一个很大的盲点，还伴有视线闪烁。这是他第一次因视网膜上的肿瘤出现症状。癌症引起的肿瘤最终导致他右眼失明，并且在十年后夺去了他的生命。当我的视觉得到明显改善时，奥利弗的视觉却在丧失。

2005 年 12 月 29 日，并不知道奥利弗正承受眼部病痛的我给他寄去一封信，信中附有一幅苏铁（他最喜欢的植物之一）红 / 绿立体图，是我在儿子的帮助下，用一个简单的立体图电脑程序制作的（见书末彩页图 3）。

我还描述了最近在曼哈顿的一次视觉奇遇。

上周，我去纽约参加表亲家女儿的犹太成人礼。我从马萨诸塞州乘火车到达宾州车站，然后乘地铁到达 72 街和百老汇路口（这是在公交员工罢工之前）。从地铁站出来，沐浴阳光的那一刹那，是我感受到极大惊喜和快乐的时刻之一。高楼大厦看起来如此不同，我感觉自己正以夸张的视角观察它们。街对面的一栋楼有着圆形的立面，似乎正对着我凸出来。与之相似，如果我正好站在一栋楼的直角拐弯处对面，这个角也会显得格外突出。这些建筑的砖墙太棒了——拥有令人难以置信的质感和细节，饰有石雕，设计精巧。同表亲一起在街上漫步的时候，我真想大声诉说繁茂老树的枝丫间排布着多少空隙，漂亮的老建筑有多么精美的砖墙，但我忍住了。有的时候，一说起三维视觉的惊喜，我可就停不下来了。

　　祝你度过一个特别开心的新年。

你置身空间中的，

立体的苏

Stereo Sue

　　奥利弗很快就回信了。

OLIVER SACKS, M.D.

2 Horatio Street, 3G

New York, NY 10014

Tel: (212) 633-8373

Fax: (212) 633-8928

奥利弗·萨克斯　医学博士

纽约州纽约市　10014

霍雷肖街2#3G

电话：（212）6338373

传真：（212）6338928

2006 年 1 月 5 日

亲爱的苏：

　　谢谢，谢谢你发来可爱的苏铁立体图——是的，比起"老年头"的做法（一种早已消失的名为CARRO的过程：先制作红/绿透明正片，然后将它们叠在玻璃片上），现在做这个好像简便得都离谱了。图片非常好看——你选的颜色刚好适合我这里的一些蓝／红眼镜——（也可能是青／红眼镜）。

而且，你所描述的曼哈顿是多么美丽和激动人心啊，这是你通过更加协调的双眼，借助新生的闪电烛光看到的景象——

"闪电烛光"和之前信中的"鱿想国"一样，都是奥利弗的自造词，但他大概不知道，闪电烛光其实另有含义，有一种鱼就叫这个。我在2006 年 1 月 27 日的回复中告诉了他，尽管信中大部分内容都在讲我运动时能够看到的东西更多，以及立体视觉和相对运动的结合如何使树上的枝条更加突出，显现出惊人的深度。

* * *

2010 年，读了奥利弗的《看得见的盲人》，我才意识到那几周都发生了什么。12 月那封附赠苏铁立体图的信，以及 1 月那封描述视觉顿悟的信，都是在奥利弗被诊断出眼部黑色素瘤几周后寄到的。在此期间，他还接受了眼部肿瘤放射手术。然而，在 1 月 5 日的信中，他并没有提到自己正在承受眼部的病痛。我后来才明白那封信的最后一句对他来说意味着什么："这真是不平凡的一年。不知道 2006 年会发生什么。"

2006 年 2 月 16 日，奥利弗寄来一封信，回复了我在同一天发出的一封电子邮件，其中针对《立体的苏》最近一稿的文字指出了一个问题：文中放错地方的逗号改变了一句话的意思。他依然没有提到自己患了癌症，但他打字时用了更大的字体，而且满篇都是大写字母。

OLIVER SACKS, M.D.
2 HORATIO ST. #3G · NEW YORK, NY · 10014
TEL: 212.633.8373 · FAX: 212.633.8928
MAIL@OLIVERSACKS.COM

2/16/06

DEAR SUE,

MANY THANKS FOR YOUR E-MAIL OF TODAY - ALWAYS GOOD TO HEAR
FROM YOU !

I WAS BEWILDERED WHEN I SAW THE (NONSENSICAL) PHRASE -
ZEUGMA, IF YOU WILL - " OPTICAL BEHAVIOUR " ; I FIND THIS
COMES FROM A ~~MISREADING, OR PERHAPS A MIS-TRANSMISSION OF
THE ORIGINAL TEXT, WHICH READ~~--- A SLIGHT MISHAP IN
OUR TEXT, ALLIED TO THE NON-TRANSMISSION OF A COMMA ---
IT SHOULₐD READ " .. GIVEN THE APPROPIATE OPTICAL,
BEHAVIOURAL OR SURGICAL HELP... ".   WHATEVER WAS SAID
THERE CAN EASILY BE CLARIFIED AND REFINED IN SUBSEQUENT
DRAFTS/ PROOFS - AND, AS KATE INDICATED TO YOU, THERE
MAY BE MANY OF THESE ...

I DID, SUBSEQUENTLY, MAKE SOME CHANGES TO THE OCT 6 DRAFT -
CHANGES WHICH I HAVE NOT SENT TO THE NEW YORKER YET, BECAUSE I
DON'T WANT TO MUDDLE THEM, AND I NEED TO GET THEIR FIRST PROOF,
WITH ITS SUGGESTIONS AND EMENDATIONS, BEFORE I ADD ANYTHING NEW.
BUT I DID MENTION IN IT THAT YOU HAVE NOW ADVANCED TO ' GETTING '
RDS - THE NE PLUS ULTRA OF STEREOSCOPY. (I ALSO SHORTENED AND
CLAIFIED THE SLIGHTLY MUDDLY PARAGRAPH ABOUT N AUTOSTEREOGRAMS).
~~I WILL SNED THIS ALONG~~ I WILL PROBABLY SEND THIS ALONG WHEN
I HAVE A PROOF WHICH CAN GO WITH IT. .. I HOPE YOU ARE WELL..
AND YES, AN INCREDIBLE SPRING-LIKE DAY ! Oliv

奥利弗·萨克斯　医学博士

纽约州纽约市霍雷肖街 2#3G　邮编：10014

电话：2126338373　传真：2126338928

MAIL@OLIVERSACKS.COM

亲爱的苏：

　　非常感谢你今天发来的电子邮件——一直以来，能得知你的消息真好！

　　看到"光学行为"这个（莫名其妙的）短语——如果愿意，你可以叫它轭式搭配——我感到非常困惑；我发现我们的文字出了点小问题，遗漏了一个标点符号。这里应该是"……在适当的光学、行为或外科助力下……"无论那部分写了什么，通过后续稿件／校样得到厘清、完善都不是难事——正如凯特告诉过你的，这种事可能还挺多……

　　后来，我确实对 8 月 6 日的稿子做了一些改动，但我还没有把这些改动交给《纽约客》，因为我不想给人家添乱，我需要先拿到他们的初校稿，包括相关建议和修订意见，然后再添加新的内容。但我确实在其中提到，你现在已经进步到能"看懂"随机点立体图了——你的立体视觉已完美无缺（我还缩短并厘清了关于自动立体图的那段略显杂乱的文字）。等我有了合适的校稿就把新修改一并提交……祝好……是的，这一日美妙如春！

奥利弗

2006 年 2 月 16 日

　　当时我还在想，是不是他的打字机卡在了全大写模式，但真正的原因更加不祥：奥利弗越来越难看清小字了。

霍雷肖街2#3G

　　2006年3月10日，我和丹还有表亲一起来曼哈顿看百老汇演出。看戏之前，我去格林威治村的办公地拜访了奥利弗，那正是我所有信件寄往的地址。大楼门卫先和楼上的人打了招呼，然后我才可以乘电梯上到奥利弗的楼层，那天是我第一次见到凯特，她在办公室大门口向我问好。接下来，她大声告诉奥利弗我到了，奥利弗从内间办公室的门后探出头来，看起来非常害羞。多年以后我才意识到，关于我的到访，所有这些通知环节恐怕都是必要的。奥利弗常年患有脸盲症，他后来在2010年出版的《看得见的盲人》中描述了这种病症，因此，即使我们近期刚见过两次面，奥利弗可能也认不出我。

　　我进了奥利弗的内间办公室，他坐在办公桌前，而我坐在对面的沙发上。他给了我一本叫作《布鲁斯特谈立体镜》的书，作者是大卫·布鲁斯特爵士，1856年首次出版。我送了他一本伦纳德·伯恩斯坦的《未作回答的问题》，因为我知道奥利弗正在写和音乐相关的内容（不过，又通了许多封信之后，我才知道奥利弗并不喜欢伯恩斯坦）。随后，奥利弗平静地给我讲了他得肿瘤的事。我当时的表情一定很惊恐，因为他向我保证，这种癌症很少转移，而且他的右眼还是能看见的，双眼的立体视觉仍在。

　　没过多久，奥利弗在《纽约客》的编辑约翰·贝内特也来了。我想是奥利弗和凯特请他过来见我一面的，因为奥利弗即将发表在《纽约

70

客》上的文章是围绕我来写的。贝内特有点得克萨斯腔，这让我很惊讶。说不清为什么，《纽约客》的编辑说话有点南方口音这件事让我觉得挺意外，我也没想到贝内特这么风趣，他给我们讲了他的杰克罗素梗犬闹的一个笑话。奥利弗则讲述了惠斯通和布鲁斯特之间的竞争故事，他们都发明了最早的立体镜，然后他又讲起了长着八只眼睛、拥有立体视觉的跳蛛。他从办公桌上拿起一块钨（他的办公桌和书架上还堆着其他元素的矿石），让我们感受它的重量，倾听它的声音。接下来，他跑到办公室的茶水间待了一小会儿，再次出现时端来了美味的烟熏茶（大吉岭茶和正山小种红茶），还带来了一位天才少年的信和画作，奥利弗想让贝内特看看。

我快要离开的时候，凯特拿来几个塑料的乌贼玩偶，她和奥利弗让我挑一个当礼物。我正犹豫不决，奥利弗替我选了一个。他是如此真诚和细心，真像一个七岁的男孩，而不是年过七旬的老人。

《立体的苏》

　　《立体的苏》最终刊登在 2006 年 6 月 19 日的那期《纽约客》上。按照惯例，实体版提前一周，也就是 6 月 12 日（星期一）印出，但我 6 月 13 日才看到杂志，因为《纽约客》第二天才发货到马萨诸塞州西部（那时还没有网络电子版）。我飞奔到南哈德利的奥德赛书店，买了好几本杂志。奥利弗在整篇文章中引用了我的第一封信，我自己的文字就这样印在了《纽约客》上，真是难以置信。一组很大的立体双图横跨前两页，我非常喜欢。我能够把它们融合起来，看到其中的深度。我立

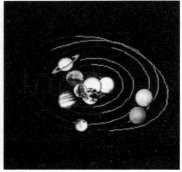

来源：约翰·沃克，fourmilab.ch/cgi-bin/Solar[①]

---

① 这幅画要用发散的方式进行自由融合，也就是说不能过近地会聚双眼，而是要把目光投向书页之外。

刻写信给奥利弗。3月份我去他办公室拜访时，他曾向我保证他仍然拥有立体视觉，所以我在信的最前面附上了一张立体双图，供他自由融合。我知道他很难看清小字，所以在信中使用了16磅字号。

亲爱的奥利弗：

拿起 6 月 19 日的《纽约客》，看到美观利落、独树一帜的《纽约客》字体印出的"神经科医生笔记"和"立体的苏"，我真的很激动。我当然是有私心的，但我认为这篇文章读起来真美，你在文中那么多次引用我信的内容，我真是受宠若惊。在内心深处，我一直不相信这个故事真的能发表，因为如果真的发表了，这场奇遇就会精彩得不像真事。事实上，我的立体视觉奇遇——从自身视觉发生惊人的变化，到与你和凯特的会面和交谈，再到《纽约客》这篇有可能帮助他人的文章——整个经历对我来说就像一个格外美满的童话故事。每个人一生之中至少应该有一次这样童话般的经历。

另一方面，与《纽约客》合作并不总像身在童话故事中一样。我意识到，从编辑那里索取明确的答复可能会让人非常沮丧，但作为读者，我一直很爱看杂志上包罗万象的话题。几年前，因为某个原因，我更加喜爱《纽约客》了。

2002 年夏天，我哥哥开车带我父母来伍兹霍尔看望丹、孩子们和我。我们住在前一年夏天在巴涅克路上租的那栋别致的老房子里。当时，我的母亲已经身患帕金森病十七年，身体状况很糟糕，但疾病并没有影响她的性情和头脑。我母亲是一位历史教授，博学多才、精明强干，却又言辞温和、处事宽容、懂得照顾别人。她每周都会阅读《纽约客》，而且总会确保三个孩子都能拿到最新订阅的《纽约客》。

我父母过来住的某一天，一大堆亲戚朋友都跑到了伍兹霍尔，房子里吵吵闹闹的，满是嘈杂响动，还有摆弄食物和大声交谈的声音。然而到了下午，其他人一窝蜂去了海滩，倏然安静下来的房子里只剩下我和母亲。那天母亲身体不适，于是我带她出去，上厨房旁边的地台晒太阳（去年夏天，你就站在通向地台的阶梯旁，用单目镜观察脚下的地衣）。我把体重只有九十磅[①]的母亲安顿在椅子上，又把我家小狗抱到她腿上，因为小狗的体重、体温，还有悠然打瞌睡的样子常常能缓解母亲持续的颤抖和运动障碍[②]。然后，我拿起了最新的一期《纽约客》，翻到一篇很长的专题文章，开始大声念给她听。这篇文章讲了一个拥有奇异能力的人，他可以通过面部表情的细微变化读出别人的想法和意图[③]。我慢慢地读着，母亲聚精会神地听着，偶尔叫我停下来，好讲讲她的看法。这个下午就这样愉快地过去了，听着我的读书声和小狗的鼾声，渐渐地，母亲的身体神奇地放松下来，运动障碍消失了，她的动作变得优美而明确。在母亲离世前的那段艰难岁月中，这是我最幸福、最甜蜜的记忆，从那时起，我对《纽约客》有了一种温暖的感觉。

在这封信的最后，我想告诉你，我非常感谢你关注我的故事，感谢你所有的文章，以及与你和凯特的友谊。这些感受很难用语言表达出来，但我想稍微尝试一下。

在孩子们成长的过程中，我和丹一有机会就会大声读书给他们听。这是我们爱做的事。我们给珍妮读的第一本真正的"章节书"是E. B.怀特的《夏洛特的网》。和大多数年幼的孩子一样，珍妮总想一遍又一遍地重听这个故事，因此有一段时间我和丹几乎把整本书都背了下来。现在我已经不记得任何细节了，但我还能引用这本书结尾的句子。我曾在某处读到，怀特的这些话不仅仅是写给聪慧、能干、英勇的蜘蛛夏洛特的，也是写给一位好朋友的。假设你不介意被比作故事里的蜘蛛，那么把最后两句中的"夏洛特"换成"奥利弗"，就能表达我的感

---

① 编者注：1 磅 =0.454 千克。

② 运动障碍是指长期服用左旋多巴（治疗帕金森病的药物）后经常出现的不自主动作。

③ 这篇文章是马尔科姆·格拉德韦尔的《裸脸》，发表于 2002 年 8 月 5 日的《纽约客》。

受。这两句就是："真心的朋友和伟大的作家都不容易遇见。而夏洛特一个顶俩。"

满怀敬爱的，

立体的苏

Stereo Sue

2006 年 6 月 19 日

附注：第一页上的立体双图需要通过"发散"的方式自由融合。我希望你能从中看到立体图像，也希望这不会让你感到受挫。你曾经提到过，你的外直肌被切开重接了，手术后融合变得有些困难。

这封信寄出的时候，奥利弗正在前往秘鲁的旅途中，但几周后他给我回了一封手写信。为了感谢他送的塑料乌贼玩偶，我把鱿鱼伸展触手的连拍图片装订在一起，做了一本翻页动画册送给他。

OLIVER SACKS, M.D.
2 HORATIO ST. #3G · NEW YORK. NY · 10014
TEL: 212.633.8373 · FAX: 212.633.8928
MAIL@OLIVERSACKS.COM

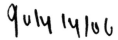 July 14/06

Dear Sue,

I think I have written
about a hundred letters to
correspondents since 'SS' came out —
and nothing to you — Sorry!

Thank you very much, first,
for your charming flipbook
of an attacking squid — a
lovely idea ... I was very
taken by it —

And your few earlier letter
(9 June 19) — we had already
left for Peru then — this too
was so thoughtful, so you,
from the stereo pair at the top

76

OLIVER SACKS, M.D.
2 HORATIO ST. #3G · NEW YORK, NY · 10014
TEL: 212.633.8373 · FAX: 212.633.8928
MAIL@OLIVERSACKS.COM

to the F.B. —
White Transfer

at the end —

I was deeply moved too
by your description of how your
mother's parkinsonism + dyskinesia
melted away   as she became
immersed in what you were
reading — the power of
engagement   (I have just
been writing, this week, on the
power(s) of music, nor least in
people with parkinsonism ...).

We will have to think what
to do with scores of other letters —
but I wanted to write
this little personal letter first — and
give my deepest thanks to you

OLIVER SACKS, M.D.

2 HORATIO ST. #3G · NEW YORK, NY · 10014
TEL: 212.633.8373 · FAX: 212.633.8928
MAIL@OLIVERSACKS.COM

for being 'Stereo-Sue',
so eloquent and so generous
with my fumbling attempt
to understand n describe.

~~I think~~ We were
really collaborators, nur
"investigator" and "subject" —
as it should be.

It was an unprecedented
experience for me as well.

Much love,

Olly

OLIVER SACKS, M.D.

2 HORATIO ST. #3G · NEW YORK, NY · 10014
TEL: 212.633.8373 · FAX: 212.633.8928
MAIL@OLIVERSACKS.COM

奥利弗·萨克斯　医学博士

纽约州纽约市霍雷肖街 2#3G　邮编：10014

电话：2126338373　传真：2126338928

MAIL@OLIVERSACKS.COM

亲爱的苏：

　　在《立体的苏》发表之后，我想我已经给记者们写了差不多上百封信，却没有给你写过一封——抱歉！

　　首先，非常感谢你寄来那本迷人的"鱿鱼出击"翻页动画——多可爱的想法啊——我真要被迷住了。

　　从开头的立体双图到末尾改编自 E. B. 怀特的那句话，这封信如此贴心，正是你的风格，和你更早的来信（6 月 19 日）一样——那时我们已经启程前往秘鲁。

　　聚精会神地听你阅读时，你母亲的帕金森病症状和运动障碍竟然完全缓解了，看到你的这段描述，我也非常感动——这就是沉浸的力量（我这周刚好在写音乐的治愈力，包括但不限于它对帕金森病患者的帮助）。

　　我们还得考虑如何回应那么多其他来信——但我想先写这封小小的私人信件——向你致以最深切的谢意，感谢你这位"立体的苏"，感谢你言谈生动、极其慷慨地对待我在理解和描述方面的摸索尝试。

我们真的是合作同伴，而不是"调研者"和"对象"——我们本该如此。

这对我来说也是前所未有的经历。

衷心致意，
奥利弗
2006 年 7 月 14 日

只是起点

　　《立体的苏》发表后，我曾经猜测自己和奥利弗的友谊会不会逐渐变淡，但这种担心大可不必。奥利弗已经成为我生活中时常出现、能带来启发和乐趣的朋友。每当我遇到令人兴奋的事或是学到了新东西时，我都会不由自主地在脑海中构思一封写给奥利弗的信，而这些想法往往会落实成纸上的文字。我就是无法停止给奥利弗写信，而他则在回信中写下自己的思考，还有手头作品的草稿。

　　不仅如此，《立体的苏》的反响也超出了我的期望和想象。奥利弗给了我一个新的名字和身份，十七年后的今天，我依然是那个"立体的苏"。我原先的想法是，我的故事能帮助哪怕一个斜视患者也够了。然而迄今为止，我已经收到了一千多位有相似视力问题的人发来的电子邮件。我并不知道《立体的苏》会在别人那里引起这么大的共鸣，而最先洞察到这种影响力的人中，有一位是全国公共广播电台的记者。

"早间节目"

4月27日，也就是《立体的苏》刊登在《纽约客》上的两个月前，我颇为惊喜地收到了来自全国公共广播电台的科学记者罗伯特·克鲁维奇的电子邮件。他在信中写道，他是奥利弗和凯特的朋友，"（交情）可以追溯到很久很久以前，《错把妻子当帽子》……的时期"，有时他会把奥利弗的故事做成广播节目。奥利弗给他看过《立体的苏》，他认为这就是全国公共广播电台需要的好故事。为了做节目，他想采访奥利弗及其他对故事有关键意义的人。"但首先，"他写道，"我想给您打个电话。可以吗？"

我是全国公共广播电台的热心听众，所以被电台的科学记者询问能否电话联系让我感到非常激动。5月15日我刚好在曼哈顿，所以我们和那里的广播演播室人员约好做一次采访。当天早上，我冒着倾盆大雨来到演播室。握手之后，罗伯特提议一起去街对面的"唐恩都乐"随便吃点点心。我指了指湿透的雨伞，说外面雨下得太大了。不过罗伯特一点也不在意，连伞都没打就冲过了马路，我则小心地跟在后面。他一边狼吞虎咽地吃下几个甜甜圈，一边把他大学时的浪漫故事讲出来给我解闷。起初，我紧张地吃着甜甜圈，但罗伯特是如此热情和风趣，我开始放松下来，也许这就是突然跑到唐恩都乐来的意义。

回到演播室，我们在录音间里安顿下来。罗伯特为这次采访做了充分准备，他读了我写给奥利弗的信，还有我寄给他的其他材料，所以他的第一个问题就让我大吃一惊：

"你早餐吃了什么？"

我只回答了一个词："贝果。"

他又问我贝果是配着什么吃的。为什么对我的早餐这么感兴趣？我没改口："只有贝果。"这时罗伯特才告诉我，他不是真的在意我早餐吃了什么，但隔壁房间的音响工程师需要听到我的声音。罗伯特解释说，大多数人收听广播的时候都在忙活别的事，所以我们的声音质量必须非常好，才能让人听得清楚、明白。

采访进行了大约四十五分钟。结束以后，我们又坐在一起闲聊了一个小时。罗伯特后来分别采访了奥利弗、特蕾莎·鲁杰罗医生，以及大卫·休伯尔博士，但 2006 年 6 月 26 日在"早间节目"播出的八分钟音频《开启双眼视觉：苏珊的第一场雪》听起来就像我们大家聚在一起进行了一场对话。这就是罗伯特·克鲁维奇的天才之处。

作者，作者

"亲爱的巴里教授，我希望您就是全国公共广播电台讲的那个立体视觉故事的主角。"

那期早间节目播出后的几天，我收到的许多电子邮件都是这样开头的。我的电子邮件地址并没有公开，但人们还是找到了我。几乎所有的邮件都来自视觉有问题的求助者。还有一些人写信给奥利弗。事实上，在全国公共广播电台的节目播出五天后，凯特就给我、罗伯特·克鲁维奇及约翰·贝内特发了一封电子邮件，内容如下：

哇！《纽约客》和全国公共广播电台都收到了关于立体视觉的海量反馈。我正在努力整理数量繁多的电子邮件和邮政信件，我会把其中一些分拣出来，转交给苏和特蕾莎·鲁杰罗。

很清楚的是，有成千上万的人亲身承受过这方面的影响，更不用说还有很多人出于求知产生了兴趣。当然，还有不少人是隐藏的立体发烧友。

这些信件进一步激励我开展调研并写一本自己的书。奥利弗在通信中提到过："我的书最初大多是写给同事或朋友的信。"而我写给奥利弗的信也成了书的雏形。正是在书写的过程中，我解决了很多问题，充实了很多想法，其中相当一部分都收录进了我的书里。奥利弗鼓励我同面临相似问题的人交流。我照做了，并且在信中将他们的情况和盘托出。奥利弗亲切地回复了我，感谢我"内容非常充实"的来信，并且简要介绍了他正在撰写的第八本书《脑袋里装了2000出歌剧的人》，这本更厚的著作写的是音乐感动我们、治愈我们，以及有时在我们心头萦绕不散的力量。

* * *

在调研过程中，我去见了下条信辅[①]，奥利弗为《立体的苏》做调研的时候就曾咨询过这位科学家。我在2006年12月29日的信中描述了这次会面。

我和下条信辅在哈佛广场非常愉快地吃了一顿午餐。我们去了一家越南餐馆，过程中一直在谈论立体视觉（刚开吃不久，下条博士还真劝过我放弃筷子，改用叉子）。他还告诉我，第一次读《立体的苏》的稿子时，他并不确定这个故事是可信的，但和我聊过之后，他相信我的情况是真实的，又说了另一些我觉得很友善的话。他说，他是在看过儒勒兹随机点立体图后决定研究知觉的。现在，他已经是独当一面的科学家了，拥有大型实验室、享有写作资助，但科学研究在一定程度上消解了神奇的感觉。而你寄给他的《立体的苏》初稿，让他在阅读时想起了自己最早从事知觉研究的初衷。

在2007年1月6日的回信中，奥利弗一如既往地给了我鼓励。

我很高兴你能同信辅共进午餐——读到他建议你放下筷子使用叉子那段，我笑得前仰后合。我们第一次见面的时候，他十分动情地谈起

---

① 下条信辅是加州理工学院实验心理学教授，主要研究人类的知觉、认知和行动。

了儒勒兹，我倒没觉得他失去了神奇的感觉。好吧，也许还是失去了一些的——或许在一个人专注于一个问题时，这种感觉必定要消失，但在问题解决后它会再度回来，此时他就能从更广阔／更深远的角度看待一切。当然，对你来说，立体视觉的神奇之处一点也没有消失——我认为它将为你的整本书注入一种不可或缺的兴奋感（就像在你写的每一封信中一样）。

我从奥利弗的书中学到的是，了解一种疾病或障碍，需要从科学、心理、历史和哲学等诸多方面入手。斜视当然也不例外。双眼无法对齐的人面临着严重的知觉问题。由于两只眼睛看的是空间中的不同区域，它们会向大脑提供不相关的输入。一个人该如何通过相互冲突的输入看到单一的世界呢？每个斜视患者都会自己借助适应和补偿来解决这个问题。因此，为了了解斜视，我不仅要了解有关双眼视觉的科学研究，还要调查人们应对病情或恢复视觉的不同方法。就像奥利弗要到我家来拜访我一样，我走访了不同的眼科医生，同他们及他们的患者交流[1]。我又从 20 世纪四五十年代一家不怎么出名的期刊《视光周刊》上找到了一些关于斜视的优质文章。借助每周发文的形式，视光师弗雷德里克·W.布洛克概述了针对斜视的视觉训练方案。我迷上了这个人和他的工作，并在 2006 年 12 月 29 日的信中向奥利弗描述了这一切。

不过，我真想在信中跟你聊聊这个人：不怎么有名的视光师弗雷德

---

[1] 除了鲁杰罗医生，我拜访和咨询过的视光师还有：肯·丘弗雷达、戴维·库克、纳森·弗拉克斯、埃米尔·弗兰克布、雷·戈特利布、伊斯雷尔·格林沃尔德、卡尔·格鲁宁、保罗·哈里斯、卡尔·希利尔、卡罗琳·赫斯特、汉斯·莱斯曼、丹尼斯·利瓦伊、罗宾·刘易斯、布伦达·蒙特卡沃、伦纳德·普雷斯、罗伯特·萨内、凯西·斯特恩、约翰·斯特雷夫、塞尔温·休珀、巴里·坦嫩和南希·托格森。我还与几位视觉治疗师进行了交流且获益匪浅，包括米歇尔·迪尔茨、戴安娜·卢德拉姆、艾伦·米德尔顿、琳达·萨内和劳里·萨多夫斯基。

里克·W.布洛克。一年半以前，我曾经寄给你一套聚散球。这个装置由几颗可以沿着绳子滑动的珠子组成，极为实用又非常简单。它能教会患者将双眼固定在空间中的同一点上。你怎么知道自己有没有双眼并用，两只眼睛是不是看向了同一个地方？如果练习得当，你会看到对称的双线从固定的珠子进出，这就是判断依据。我花了整整一年的时间才掌握配有三颗珠子的五英尺长线练习，这是我做过的最有效的训练之一。

布洛克医生为改善斜视患者的双眼视觉开发了很多练习，聚散球只是其中之一。他的所有装置都简单、巧妙、有效，而且这些小工具都是他自己做的。

……

所以我对弗雷德里克·W.布洛克非常好奇。是什么让他对斜视产生了兴趣？他是一个善良正直的人吗？布洛克医生已于 1972 年去世，所以跟他见面是不可能的了。不过，我遇到了排第二的好事。我来到曼哈顿 42 街的纽约州立大学视光学院，见到了伊斯雷尔·格林沃尔德医生，他是布洛克医生的门生，后来还做了他私人诊所的合伙人。我对格林沃尔德医生说，我认为布洛克是治疗斜视方面的天才，他则说："是的，他也是最友善的人。"格林沃尔德医生花了几个小时向我展示布洛克的训练过程，还给了我布洛克著作和论文的完整清单。第二天，我便在纽约州立大学图书馆复印了其中的许多论文。

……

乘火车回家的路上，我读了其中一篇论文，上面详细介绍了对斜视患者有帮助的训练过程……想象一下我在看到下面这段话时有多惊喜吧，布洛克写道："在此必须重申，在患者真正体验立体视觉之前，我们无法通过任何行动和言辞向他充分解释立体视觉的实际感觉。因此，非常重要的一点在于，患者要相信他在看的只是另一张二维图，而且他必须靠自己震惊地发现此图具有立体特性。这样，也只有这样，我们才能确定他真的产生了立体视觉。一旦患者体验了这种新的感觉，他就会迫不及待地反复感受，直到它的建立完全得到确认。"

好家伙，听起来很熟悉对不对！这正是我的经历，也是我采访过的其他曾经患有立体盲的人的经历。

……

布洛克医生在他的患者身上做了很多知觉实验，问他们看到了什么。通过这些观察和讨论，他设计出了自己的治疗过程和装置。布洛克医生并不满足于从外部观察他的患者，而是像你在《火星上的人类学家》中引用的切斯特顿笔下的布朗神父 ① 一样，他想要进入患者的大脑。

你在《单腿站立》的开头引用了蒙田的一句话："……要成为一名真正的医生，一个人必须经历他希望治愈的所有疾病……"然而，人们会对患有斜视和立体视觉不良的眼科医生心有戒备。因此，大多数斜视患者的主治医生都对患者的病情毫无自身体验。那么布洛克医生呢？是什么让他有了独到的见解？也许你已经猜到了关键。布洛克医生患有斜视，他是一名间歇性外斜视 ② 患者。他治疗的第一个患者是他自己。

和往常一样，奥利弗给我的回信中满是形容词和括号，但 2007 年 1 月 6 日的这封信提到他自己的视觉出现了令人心惊的状况。

非常感谢你的来信（12/29），你写得很漂亮，字里行间都焕发着智慧和热情。布洛克的工作听起来非常重要，可以说颇有先见之明——而且显然少有人知。通过发掘这些内容（以及布洛克本人），让他的工作（以及他本人）重新引起关注，你作出的贡献将是巨大的。这也许值得你什么时候单独写一篇文章，也值得在你的书中添上一章。而你说你的

---

① G. K. 切斯特顿围绕布朗神父这个虚构的罗马天主教神父写了 53 篇短篇小说，布朗神父利用自己对人性的深刻理解破获了许多案件。

② 外斜视是斜视的一种，即单眼向外偏斜。

书已经快写完了！

（两个月前，我还以为我的书"快写完了"——但后来我又冒出了一大堆想法，还大刀阔斧地修改了许多章节——但愿这样做不算胡闹，而是能让这书更好。）

你提出了一个非常深刻的问题：医生／科学家自身需要经历什么？……我即将出版的这本《脑袋里装了2000出歌剧的人》，它的优势在某种程度上也是它的局限——书中很多内容都是由出现幻觉、音盲、联觉等症状的人报告的，这些人在自己的经历中体验了这一切——但在某种程度上，他们也可以说不明就里。如果产生幻觉（或其他什么症状）的人同时也是专业科学家、医生或分析师，那优势就再大不过了。当然，你就有这样的双重身份。而我也经历了多种形式的视觉障碍和干扰，同样有了双重身份。[我现在似乎生活在一个编织的世界里，总能看到扭曲变形的景象，正常的左眼也无法完全矫正它们，所以我越来越频繁地关闭或（以某种方式）"压抑"右眼扭曲受损的视觉——这反过来又容易产生传入神经阻滞导致的幻觉——我觉得一切都非常有趣，并仔细地做着记录，但我真的希望这些没有发生在我身上。]

……

目前重要的是，我还能努力工作，始终如一，充满热情，富有成效，尽管几乎到了精疲力竭的地步。我将在17号左右休息几天（去游泳）。再次祝贺你投身令人兴奋的工作并让它不断充实扩展，向你们大家致以最衷心的新年祝福。

奥利弗

我获得了立体视觉，奥利弗却失去了它，而更糟糕的是，他生活在一个视觉扭曲的世界里。我感觉自己必须做些什么。我们都坚信康复的力量，所以几个月后，我给他寄了满满一大箱练习用品，这些可以提高他用一只眼睛纵览世界的能力。我想他一直没做那些练习。他当时正忙着撰写篇幅很长的《脑袋里装了2000出歌剧的人》，但他十分感激我的心意。在那一刻及以后的许多时刻，我都被他坚持工作、不断克服前行路上一切阻碍的能力震撼。他在信中写道："目前重要的是我还能努力工作，始终如一，充满热情，富有成效。"

* * *

2007年全年，我都在向奥利弗持续更新围绕新书进行的调研。7月9日，我写道：

我曾向你提到过，一位名叫弗雷德里克·W.布洛克的视光师的工作和著作给我留下了深刻的印象。布洛克深受一位名叫戈尔德斯泰的医生的影响，后者写了一本名为《有机体》的书。我从未听说过戈尔德斯泰，他的书名听起来也很老套，但我做了决定，最好还是把这本书找出来。这倒没费什么周折，我所在大学的图书馆就有两个版本。我从书架上挑了1995年版的，结果发现序言是你写的。事实上，你直言："库尔特·戈尔德斯泰是神经学和精神病学史上最重要、最有辩论精神、如今被最多人遗忘的人物之一。"

布洛克觉得，让斜视患者变得像正常人一样看东西的唯一方法，就是给他们一项有潜力完成，但必须使用双眼视觉的任务。这让我想起了你在《错把妻子当帽子》的"无用之手"那章里讲述的玛德琳·J的故事[①]——你是怎样温和地诱导她使用了双手。这个故事让我非常感

---

① 在"无用之手"的故事中，奥利弗写了一位被他唤作玛德琳·J的老妇人，她双目失明，患有脑性瘫痪。她非常聪明，但一生都被照顾得无微不至，所以一直没能学会使用双手。她认为自己的手是没用的"大面团"。当奥利弗发现她的手感知正常时，他指示护士把给她的食物（一个贝果）放在略远的地方，让她不得不伸手去抓。（转下页）

动——她发现自己拥有一项她以为无法掌握的技能。

这封信很长，但是最终，带着犹豫，我还是在结尾处提出了一个请求。

这也引出了我想在信中询问的问题。你是否愿意为我的书写序言？

我紧张地等待着奥利弗的回复，2007 年 8 月 25 日，回信来了。奥利弗手写了这封信，字迹又大又潦草。

 OLIVER SACKS, M.D.
2 HORATIO ST. #3G · NEW YORK, NY · 10014
TEL: 212.633.8373 · FAX: 212.633.8928
MAIL@OLIVERSACKS.COM

8/25/07

Dear Sue,

Belated thanks (I have been away) for your super-visor (of the 9th). My typewriter is broken, my hand-writing slow (and, I am told, "dimmer") so a short, preliminary reply.

（接上页）玛德琳做到了。就这样，她不仅发现了贝果，还发现了自己的双手。她开始通过触摸来探索一切，要来黏土，开始做雕塑，展现出出人意料的艺术天赋。奥利弗写道："谁能想到，通常在生命最初几个月获得，但直到此时也未能出现的基本知觉，会在一个人六十岁时降临？"

一声迟到的谢谢（我一直出门在外），谢谢你（9号那天）的超级来信。我的打字机坏了，手写速度很慢（而且别人跟我说这"很难辨认"），所以只给你一个简短的初步答复。

他接着说，他要晚些时候再对我那封长信的主要内容发表看法——"我看到你有很多想法冒出来！"但他补充说，"此刻我只想说，我很乐意为你的书写一篇序言。我很快会再来信的。"

2008 年 10 月 5 日，我给奥利弗寄去了《斜视康复之路》的书稿，但不久之后，我就意识到自己犯了一个可怕的错误。当时，出版社的编辑已经完成审阅，她的工作周到又出色，不仅鼓励我按照时间顺序讲述故事（可以有少数例外）、避免重复，也提醒我不要"训斥读者"，但我们有一个严重的分歧。我写了奥利弗对我这段经历的影响，而她删除了那些段落。我把它们添回去，她再度删掉了。她担心奥利弗的声音会喧宾夺主，并且认为读者可以从奥利弗的序言和我的致谢中了解到他的贡献。因此，我寄给奥利弗的书稿只字未提他的贡献。他在给我的回信中也没有多说什么——这又让我想到了他生性是多么慷慨。

OLIVER SACKS, M.D.
2 HORATIO ST. #3G · NEW YORK, NY · 10014
TEL: 212.633.8373 · FAX: 212.633.8928
MAIL@OLIVERSACKS.COM

奥利弗·萨克斯　医学博士
纽约州纽约市霍雷肖街 2#3G　邮编：10014
电话：2126338373　传真：2126338928
MAIL@OLIVERSACKS.COM

亲爱的苏：

我收到了你方方面面写得很清楚的稿子——还有你5号那封特别好的信。

我立刻读完了这本书——这很容易做到，因为你的叙述扣人心弦，讲解、探讨，当然还有其他人的经历相互交织，是那么自然而然、天衣无缝。在阅读过程中，我想到了很多很多——首先，单眼观物影响的远不止立体视觉（还会带来视线不稳、视觉连续性差、难以保持凝视、相对缺乏边缘意识等问题）；例如开车会成为一个大难题——至少会变得很复杂。我们见面时，你没怎么强调这些"其他"问题（我在《立体的苏》中也没有着重描写），可能只有回顾过去，在你反思时，所有情况才会完整地显现。当然，人总是会调和适应自身情况的——但你要兼顾的东西太多了：正如你所指出的，这种调和往往需要付出感知和其他方面的"代价"。

你列出的尾注和参考文献——相当于正文一半的篇幅！——相当令人惊叹：这些内容本身几乎就可以构成一本补充性质的图书（我是个爱看补充信息的人，这非常符合我的口味），为学术型读者提供他们需要的所有资料——当然，你这本书的众多优点之一是，它既面向"小白"读者（特别是自身有眼部病症的人群），也面向学术型读者。

不谈具体内容，可塑性的主题贯穿了整本书。我喜欢你向丹介绍这个主题的方式（尽管你在第1章提到的一些思考在时间顺序上让我略感困惑：你想知道自己看世界的方式，或者说视觉皮层的回路还能不能改变，但最后你又说，在2001年，你曾认为一个人不可能在成年后获得立体视觉）[①]。你成功了，许多有类似问题的人也有了期待转变的可能，这就是这本书最重要的"好消息"，没有可塑性就没有这样的好消息。

不过，你也同样强调了在行为视光师的建议和督促下完成科学、细

---

① 书的定稿里澄清了这个问题。

致、循序渐进的疗程是多么重要——你书中的描述比我原先想的要复杂得多，而且花费了几个月的时间（是吧？顺便说一句，你对布洛克的探讨非常有趣——他似乎预见也实践了很多治疗手法）；细致的疗程还要配合（同样重要！）受试者/患者/客户（不知哪个称呼更合适）必须为自己付出的时间、照拂、努力、耐心、决心、坚持和智慧。（特蕾莎·鲁杰罗总说，虽然你的眼部/斜视问题很常见，但你努力改变的决心、耐心等是罕见的。）

人对自身情况的调和适应在多大程度上是"自动的"，又在多大程度上得益于训练、自律、坚持、个人行动和机智——你在与丹的类比中已经指出了这一点——我们第一次见面时，在丹1996年"升空"前的聚会上，事情已经有所显露。

我认为你写了一本非常重要、非常清晰（同样关键！）、非常<u>平衡</u>的书。

第一遍阅读，我就做了笔记，并且草拟了一篇序言——但我现在必须更加仔细地再读一遍——尽我所能来突出这本书格外特殊的重要性及品质。

让我们保持密切联系。

奥利弗

2008 年 10 月 13 日，星期一

我对那份寄给他的稿子心怀愧疚，所以无法在他的赞美中陶醉。幸运的是，几天后奥利弗给我打了电话，这让我有机会说清楚我和编辑讨论了什么，以及她为什么把他从我的书中删去。奥利弗告诉我，自己没

被提到让他有些奇怪，但他也理解编辑的担忧。不过几天前，我给编辑发了一封慷慨激昂的电子邮件，而编辑在回复中提醒我，她提出的只是建议，并不是最终决定，因此我可以告诉奥利弗，我已经把他重新写进了我的故事里。

但奥利弗打电话来是出于另一个原因。他认为，在我们最初的谈话和通信中，我对斜视带来的困难太过轻描淡写。他的话引起了我的思考：一般来说，人能在多大程度上把自己的问题归咎于童年的病症？他们又该如何权衡医生或者没有同样病症的人的意见和建议？我试着在下一封信中回答奥利弗的问题。

2008 年 10 月 19 日

亲爱的奥利弗：

非常感谢你阅读我的书稿并为我撰写序言。我觉得我们上周在电话里谈得非常愉快，我也一直在思考你提的问题。

你问我为什么最初没有向你提及我在上学、开车和其他活动中遇到的困难。我为什么要误导你？（你并没有这样说，但我要这样扪心自问。）我在电话里说，我不想夸大自己的情况。虽然在学习阅读时确实遇到了困难，但我最终还是成了一名优等生。在我成长的那个年代，人们不要求也不期待女孩掌握球类运动，所以我曾把自己的笨拙归咎于性别。我也想过自己对开车的畏惧是否与视觉有关，但还是认定更密切的关联是我一贯不喜欢跑太快，而且生性谨慎胆小。总之，我之所以对自己遇到的困难轻描淡写，主要是因为我很少将它们与视觉关联起来。

你曾在较早的一封信中建议我寻找其他斜视患者，当时我在心里暗暗嘀咕，我不需要"互助小组"，也不想总和对眼的人混在一起。直到你发表了《立体的苏》，罗伯特·克鲁维奇的"早间节目"也播出了我的故事，这个想法才改变。从那时算起，我已经收到了 333 封来自斜视和弱视患者的电子邮件①。大多数来信者并不追求立体观物的神奇体验，而是在寻找让日常生活更轻松、看东西更省力的方法。他们的医生都在说，他们没什么问题，视力完全够用。这样的话我不是也听过吗？法萨内拉医生就对我说过，除了开飞机，我什么都能做。

我想，法萨内拉医生和大多数来信者的医生都在试着鼓励和安抚我们，但他们也对患者经历了什么所知甚少。在阅读所有这些电子邮件的过程中，我意识到患有斜视虽然谈不上处境悲惨，但也确实会带来一些困难，于是我开始重新掂量自己的经历，并考虑写一本书。我开始了针对斜视的调研，也理解了特蕾莎·鲁杰罗一直在告诉我的事——从前我无法用双眼注视，也看不清视野边缘，这导致我无法准确感受自己和其他事物在空间中的位置。

然而在这封信中，我还是有所保留的。奥利弗有句话："我们会告别童年，却永远无法摆脱童年。"②还是个小姑娘的时候，我觉得自己很失败，因为我有对眼，后来学习阅读、骑车和开车又格外艰难。我只是不想回顾这一切。我也不想向奥利弗抱怨。毕竟，正如《睡人》中所描写的，他曾照顾那些身体和思想都无法动弹的病人长达数十年。虽然对眼给我的人生带来了持续的负面影响，但与之相比，我的困难似乎微不足道。

在写《斜视康复之路》的过程中，我终于回顾了童年的那些问题。在早期的稿子中，我稍微提了提自己上学时的烦恼。编辑要求扩展这个话题，我便加了一段，但她觉得还不够。最终，我把一切都讲了出来。

---

① 斜视患者指的是双眼无法对齐的人，而弱视患者指的是"懒惰眼"患者。这些群体中的许多人都存在立体视觉不良或立体盲的问题。
② 奥利弗·萨克斯，"化学诗人汉弗莱·戴维"，最初发表于《纽约书评》（1993 年 11 月 4 日），后经删改收录于奥利弗·萨克斯：《最初的爱，最后的故事》（纽约：阿尔弗雷德·A. 克诺夫，2019 年）。

到了这本书即将下印的时候，我还在担心读者会觉得我夸大其词。但情况恰恰相反，我收到了一封又一封来自其他斜视患者的电子邮件，他们在信中写道，在描述自身困难时，我仿佛在写他们的经历。

《斜视康复之路》于 2009 年 5 月出版。这本书被亚马逊的编辑评为 2009 年十佳科学图书之一，并且被翻译成了八种语言。我在美国各地以及加拿大、巴西和欧洲开展了相关的演讲。最重要的是，这本书为患有斜视和其他双眼视觉障碍的患者提供了信息和帮助。我将它视作自己最棒的成果之一。在我为写书调研的过程中，特蕾莎·鲁杰罗、全行业行为和发育视光师 [①]，以及许多科学家都提供了宝贵的帮助和建议。然而，如果没有奥利弗的支持和鼓励，我不知道自己能否写出这样一本书。

[①] 行为和发育视光师创立的两个组织：视觉发育视光师学院（COVD；covd.org），2024 年改名为视光视觉发育与康复协会（OVDRA），以及视光扩展计划（oepf.org）。

文字的色彩

　　我和奥利弗还聊过很多立体视觉之外的话题，比如我们经常互相给对方讲自然界的奇闻。2006年3月10日，我第一次去他在格林威治村的办公室拜访他时，我们的话题转向了音乐和联觉。我对他说，我了解联觉，因为我就有联觉。奥利弗很感兴趣。我可以告诉他更多吗？也许还是在信中写给他更好。的确，写信似乎是最佳方案。奥利弗的耳朵不太灵了，他总是紧张兮兮地摆弄助听器。谈话的过程中，他可能会戴上助听器，然后拿下来，随后又戴上。奥利弗很有幽默感，和他聊天非常有趣，但如果想要确保他知道我说了什么，我最好还是写下来。另外，写信也给了我思考的时间，让我能好好想想要表述什么。于是，拜访之旅结束五天之后，我写了下面这封信。

2006年3月15日

亲爱的奥利弗：

　　上周五我在你的办公室度过了一段美好的时光。见到凯特和约翰·贝内特真是开心。聆听惠特斯通和布鲁斯特的故事[1]，感受钨的重量

---

[1]　查尔斯·惠特斯通（1802—1875）和大卫·布鲁斯特（1781—1868）都是双眼视觉领域的先驱。惠特斯通发明了最早的立体镜，而布鲁斯特则发明了更受欢迎的立体镜模型。他们于公于私都是针锋相对的竞争者。

和声音，了解跳蛛数量繁多的眼睛，这一切都令我乐在其中。（我刚刚知道两栖动物非洲爪蟾在蝌蚪时期眼睛是朝向侧面的。不过在成长变化的过程中，它们的眼睛会向前移动，从而获得双眼视觉。我真好奇它们的大脑和神经发生了怎样的变化。）

你让我写信聊聊联觉，我想我最好马上动笔，因为我下周就要去度假了。我觉得我从小就有联觉，但是大约八年前我才确认这一点。当时，在实验室度过一个漫长的下午后，我和学习神经生物学的学生们闲聊起来，我们碰巧谈到了给自家孩子起名字的话题。我说，一个人当然应该挑个喜欢的颜色给孩子取名。有个学生对这句话很感兴趣，询问我是否能感觉到颜色和其他东西的关联。我说，我感觉颜色能关联上字母、数字、单词，还有专有名词，比如人名、月份和星期。我的这名学生曾在拉马钱德兰博士[1]的实验室担任技术员，她告诉我，我有联觉，这是拉马钱德兰博士研究过的一种现象。我心存疑虑，告诉她我只是对颜色产生了强烈的联想，但她坚持说这是一种真实的现象，还说她会证明给我看。

第二天，这名学生出现在我的办公室，她带了一个笔记板，上面列着单词、字母和数字。她会照着清单一个个读出来，同时请我说出看到了什么颜色。这样向她详细汇报我的"所见"，让我自觉有点傻。字母"C"在雪白中透着淡淡的粉色；字母"N"是美丽的黄褐色，色彩和纹路一如橡木地板；而字母"H"则是暗绿色，潮湿得让人联想到谁家地下室湿乎乎的水泥洗脸池中可能泛起了阴冷的浮沫。我告诉她，单词通常会呈现与第一个字母相同的颜色。例如，"S"是一个绿色的字母，所以"synesthesia"这个词一开始是绿色的，但后来融入了黄橙色，因为带来长音的"E"就是黄橙色。数字"3"有着嫩草的颜色，而"13"则

---

① V. S. 拉马钱德兰是加利福尼亚大学圣迭戈分校杰出的心理学教授，担任该校大脑与认知研究中心的主任。他曾研究过联觉，还对人类大脑进行过许多其他探索，著有多本畅销科普图书，包括《脑中魅影》《会讲故事的大脑》和《人类意识简述》。

有熟菠菜的色彩和味道。因为特别爱吃菠菜，所以我喜欢数字"13"。这名学生还向五位同学提出了同样的问题，并且认真做了记录。两周后，她带着笔记板回来了。依然是对着清单列出的单词、字母和数字描述颜色，我给出了和之前完全相同的答案，而受试的所有同学都给出了随机的答案。

两年前，我和哥哥聊起一位高中英语老师，他提到自己曾在英语课上说过一个故事，讲的是一个通过字母看到颜色的人。原来他想到字母的时候也会看到颜色，尽管他关联的色彩和我的不一样。在成长时期，我和哥哥有着截然不同的爱好。我对自然博物感兴趣，喜欢辨认岩石、树木和野花，而他则热衷研究法国大革命。不过成年后，我们的兴趣趋于一致。我们各自爱上了乐理和数论，而且我们通过同样的方式——视觉图像——来思考其中的问题。我哥哥九岁的女儿也有联觉。她是个非常有创造力、讨人喜欢的小家伙，我很乐意和她分享这种奇异的体验。每次在一起，我们都会争论什么颜色和什么字母、单词、数字相配。

听音乐的时候，我总能看到图像，但我不会将特定的颜色与特定的音调或者音程联系起来。我倒是很想说出"小三度总是蓝绿色"这样的话，但我并不能很好地区分音程。我的音乐技能很一般。听到音乐，我会看到能发光的小圈或是竖条，高音出现的时候，它们会变得更亮、更白、更加银光闪闪，而低音出现时，它们又会变成迷人的深栗色。随着音阶不断攀升，我会看到一连串越来越亮的光点或向上移动的竖条，而莫扎特钢琴奏鸣曲中出现的那种颤音则会带来闪光。小提琴独特的高音响起时，清晰明亮的线条便应声出现，而颤动的音符则带来闪动的微光。几件弦乐器合奏时，我眼前会浮现交叠或平行的条纹，或者根据旋律出现深浅不一的螺旋状闪光。铜管乐器发出的声音会带来扇子似的图像。高音就出现在我身体的近前方，和头部齐平，朝向右侧，而低音则深深沉入我的腹部中央。一个和弦则能将我包围。写下这些的时候，我感觉自己有点傻。这听起来真疯狂！但这些体验始终和音乐形影不离。

我看到的联觉图像没有立体深度。后来我的视觉发生了变化，但这些图像并没有改变，而是保持原样，我无法自主控制它们。

我从未想过把这种联觉当成什么特别有价值的东西。《未作回答的问题》第187页写道，伯恩斯坦鼓励听众抛开所有"联觉包袱"，只管欣赏音乐。我不知道自己能否做到这一点，坦白地说，我并不想摆脱那些画面。上学的时候，我能轻松记住历史课上讲的日期，就是因为它们都有色彩。然而，我那没有联觉的妹妹却和我的祖父一样，拥有记忆一长串数字的非凡能力。她可以在脑海中看到完整的列表。因此，联觉可能是视觉记忆的好帮手，但它肯定不是视觉记忆的必要条件。联觉只是存在而已。它丰富了我的视觉想象力和音乐鉴赏力。我想我真的很喜欢它。

接下来我在信里又进一步论述了立体视觉，最后才落了款：任何意义上的你的苏。后来奥利弗写完了《脑袋里装了2000出歌剧的人》，书中有一章讲的就是音乐联觉，他将这一章的稿子寄给了我，并在2006年11月16日的信中写道：

原来你也有联觉啊，得知这一点的时候我非常惊讶，我引用你的话——希望还算准确——给文章收了尾。随信附上我所写的内容。我很乐意修改或更正（或补充）任何与你自身经历有关的部分，（通过《立体的苏》）我知道你在叙述、逻辑等方面有着出色的直觉，也很看重你对整篇文章的观点。

我不介意奥利弗把我的联觉经历写进他的书里，但我要求他别写我的全名，免得真实身份暴露。我很怕被别人当成疯子。不过，如果读得足够仔细，读者可以在《脑袋里装了2000出歌剧的人》中找到奥利弗描述我音乐联觉的部分，那一章的标题是"D大调是蓝色的？"。

与音乐有关的插曲 I

2007 年 1 月 21 日，我收到了凯特的电子邮件，上面说奥利弗那本关于音乐的书就快写好交给出版方了。"要不要给你发一本，让你读个开心？"我了解奥利弗对音乐的热爱和痴迷。他在回忆录《钨舅舅》中描述了自己在爱乐之家长大的经历，也在《睡人》中强调了音乐的治愈力。奥利弗父亲那架漂亮的贝希斯坦钢琴给他家客厅增添了不少光彩，上面都是奥利弗日常弹奏的乐谱（经过了复印放大）。

亲爱的奥利弗：

凯特发了一份你新书的稿子给我。文件飞跃网络，不到一秒钟就从她的电脑来到了我的电脑，真是了不起。我把稿子打印出来读了读，沉浸其中，格外喜欢。

……

你提到乐感往往是在家庭中流动的，但看了你的书，我们都想知道为什么有些人在音乐方面比其他人更加敏锐、更有天赋。怀着安迪的后五个月，我做了一个小实验。我每晚都为肚子里的宝宝播放巴赫的《d小调双小提琴协奏曲》。我非常喜欢这曲子，原因之一是小时候听哥哥和父亲一起演奏过它。在还是小小婴儿的时期，安迪似乎能够认出这首协奏曲，因为和听到其他音乐时的情形相比，这曲子让他格外兴奋活跃。不过我没有继续坚持，他在童年时期没有再时常听到同一首乐曲。

事实上，那阵子他更喜欢舒曼的《快乐的农夫》，我会在睡前用钢琴弹奏这个，用这种方式催他去刷牙。最近我又给十九岁的安迪播放了巴赫协奏曲的唱片，问他有没有特别的感受。他把眼一抬，说："没有，没什么特别的。这个听上去跟你放的其他曲子都差不多。"唉，安迪对音乐没有特别的兴趣（他有其他才能）。倒是珍妮更喜欢音乐，经常吹奏长笛，尽管我怀着她的时候，并没有精心安排她每晚接触美妙的音乐！

2007 年 2 月 9 日

我们讨论过音乐在辅助记忆上的强大作用，当时我给奥利弗讲了这样一件事：我的一个学生录下了我讲课的声音，然后对着录音带研究了一番，一旦她把讲课内容配上歌，就能一字不差地背给我听了。奥利弗被这个故事引起了兴趣，最后把它写进了《脑袋里装了 2000 出歌剧的人》一书。

奥利弗描述过音乐治疗的力量，他写得非常感人，但我从前好奇过那是不是夸大其词。然而四年后，我目睹了音乐治疗的过程，为此专门写了一封信给他。

亲爱的奥利弗：

说一件开心的事。

我父亲八十九岁了，住在离我家三英里①远的一所安养护理院里。他身体还可以，但情绪非常低落，完全不想下床。无论是对待我父亲还是其他入住者，安养护理院的工作人员都很有同情心，也非常注重入住者的尊严体面，这多少缓解了他的状况带给我的伤感和沮丧。我每周会去看望我父亲三次，每次进入护理院，我都感觉自己融入了一个充满善

---

① 编者注：1 英里≈1.61 千米。

意的避风港。有的时候，我觉得这些工作人员是世界上最值得肯定的人。

然而，即使是工作人员也无法改变我的父亲。常常是我去看他，而他躺在床上，像胎儿一样蜷缩着，左眼歪斜，直直盯着右边的鼻子。我帮他坐起来，给他戴上眼镜。当我们闲聊时，他的目光才再度摆正。他会看一看我带来的艺术图书，留意我给他讲的故事，听到我打趣也能哈哈大笑，但他愿意投入其中的活动太有限了。我给他买过一副很棒的助听器，他却因此大闹脾气，好像在说："不要强迫我融入这个世界。"我把助听器拿了回来，拿不准是不是应该由着他去。可是，要是能让他拥有快乐惬意的时光，那该多好啊。

在我童年的每个夜晚，父亲都会演奏小提琴。在我们姐妹躁动不安、难以入睡的时候，他会来到我们的卧室，拉琴哄我们睡觉。我母亲在世的最后十年中，父亲每晚都要为她演奏，好安抚因帕金森病而颤抖的她，让她可以进入梦乡。从某种意义上说，父亲就是我们家的音乐治疗师。也许我也可以为他找个音乐治疗师。

调查一番之后，我聘请了拉斯迪，这个四十来岁的男人让我联想起大狗狗。第一次做音乐治疗的时候，拉斯迪蹦蹦跳跳地进了我爸的房间，开始弹吉他、唱歌。我也跟着唱了起来。我父亲却躺在床上，一动不动。他唯一一次睁开眼睛，是为了向拉斯迪道别。

"别担心，"眼看我愁眉苦脸，拉斯迪说，"他可能需要一些时间来接受我。"但是，拉斯迪这样面善，又有高亢动听的歌喉，哪会有人要等一等才喜欢上他呢？

第二次音乐治疗迎来了突破。"我们应该唱什么呢？"拉斯迪问，我提议唱皮特·西格的歌，因为小时候父母常带我们兄弟姐妹去听皮特·西格的音乐会，但我父亲听了那些歌没什么反应。父亲喜欢民谣，不过室内乐才是他的真爱。于是，我开始哼唱舒伯特《鳟鱼五重奏》的旋律，拉斯迪则用吉他即兴伴奏。父亲闻声睁开了眼睛。接下来，拉斯迪开始弹切分音版的《欢乐颂》。我父亲竟鼓起掌来。

之后的每一次音乐治疗，父亲都越发投入。在第五次治疗前，我来到父亲的房间，告诉他拉斯迪马上就要来了。父亲自己坐了起来，还要求屋里再亮堂一点。治疗过程中，拉斯迪给了他一对小钹，他随着音乐敲起了节奏。

上周五第六次音乐治疗的时候，有几位入住者在父亲的房门口探头探脑。"进来吧！进来吧！"我和拉斯迪大声说，工作人员急忙搬来更多椅子。很快，房间里又多了六位老人，他们又是唱歌又是拍手。我们唱了"二战"时期的歌曲，甚至还有《因你而美》。两位老妇人站起来，互相搀扶着跳舞（不然她们就都要摔倒啦）。另有一位老人家引起了我的注意，她指着我父亲说："他笑了。"

如果没有读过你的书，我永远不会知道音乐治疗。现在我见识了它的力量。拉斯迪每周五下午都会来。这成了我们的一个盼头。

爱你的，
立体的苏
Stereo Sue
2011 年 8 月 9 日

音乐治疗在这家安养护理院的入住者中大受欢迎，于是我们让这项活动从父亲的卧室转移到了公共区域。入住者的转变让我、拉斯迪、工作人员感到惊奇。2011 年 10 月 21 日，我在写给奥利弗的信中再次谈起他们。

过去，我几乎看不出这些入住者作为个体有什么区别。现在，随着歌声响起，他们的个性显现出来。上周，一个格外苍老的女人（她曾是一名大提琴手兼和平活动家）问有没有人知道《工会少女》的歌词。我告诉她我知道，于是我们一起唱了这首歌，和声美妙。

当时，奥利弗正为即将出版的《幻觉》忙得不可开交，但两周后他还是抽空给我回了一封短信，信中写道——

Fascinated (and moved) by your account of response the music therapy — the patients individuating before your eyes.

我被你的描述中音乐治疗师得到的回应深深吸引（也心生感动）——患者们在你眼前渐渐展现出了独特的一面。

行动，知觉，认识

在我读过《脑袋里装了 2000 出歌剧的人》的书稿后不久，奥利弗笔下的音乐故事和我自己对视觉的研究便开始交汇。在接下来的一年里，我们讨论了感官、行动和记忆如何塑造我们对世界的理解和认识。比如，人认识周遭事物的方式是多种多样的，奥利弗在写特殊病例时就提出了这一点。《错把妻子当帽子》中的 P 博士患有视觉失认症。他能识别物体的具体特征，比如颜色和形状，但无法整合这些特征，将物体作为一个整体识别出来。他是不能通过视觉识别手套的，不过他可以在戴手套的动作中识别手套。在《脑袋里装了 2000 出歌剧的人》中，奥利弗还讨论了雷切尔·Y 的情况——她在脑部损伤后失去了绝对音感，但可以通过把音唱出来完成识别。我在想，P 博士在穿戴中识别手套和雷切尔·Y 以唱辨音，是否可以被视为感知的一种类型。我还想到，许多人平时接触音乐的时候就会遇到同 P 博士和雷切尔·Y 相似的困难。因此，在 2007 年 2 月 22 日给凯特和奥利弗的电子邮件中，我写道：

读过一些视觉方面的资料之后，我又产生了一个关于音乐的想法，而且一直在仔细琢磨。多种证据表明，也许我们实质上拥有两套视觉系统，一套用于感知，一套用于行动。这两套系统似乎遵循大脑中两种不同的神经通路。古德尔和米尔纳①在他们所著的《看不见的视力》中就描述了一位感知通路受损的病人迪伊。看着咖啡杯，她再也认不出那是什么，也无法说出它叫什么。但她能毫不费力地伸手去拿咖啡杯，手指也可以准确无误地握住杯把。也就是说，她的大脑中仍有某个部位能够认出咖啡杯。我在想 P 博士是否情况相同。他可能认不出手套，但如果你让他戴上手套，他知道该怎么做吗？如果他知道，那么在他大脑的某个部位，至少在行动通路中，他依然明白那是手套。

我认为许多人在音乐方面就是这样的。你可以让普通人唱《生日快乐歌》，他们都能做到。如果你给他们起一个调，大多数人都可以找到这个调，接着把歌唱下去。由此可见，他们大脑中有某个部位能够理解音的概念，也知道音有高低之分。但是，如果你让普通人，尤其是没有受过音乐或练耳训练的人写下这首歌的音符，那么就算给出起始音，他们也会不知所措。将音转变为符号的过程难住了他们（我也遭受着这方面的挫折）。因此，行动（哼唱音调的能力）和感知（识别和命名音调及音调间关系的能力）之间似乎存在着鸿沟。奥利弗笔下的劳伦斯·韦克斯勒能准确地哼出一首曲子，但说不出哪个音比下一个音高或低。雷切尔·Y 则说，在受伤之后，她只能通过记住唱出一个音的感觉来记住它的音高。她是依靠行动或者对行动的记忆，而不是依靠感知来识别音高的。读到关于雷切尔·Y 的这段文字时，我在页边写了一句："跟迪伊一样！"因为古德尔和米尔纳笔下的迪伊正是以相似的方式自我恢复的。她可以通过摆弄一个物体，比如咖啡杯来认识它。没有了感知通路，她就必须借助行动识别事物。

奥利弗收到这封信后非常兴奋，当天就给我写了一封纸质回信。和

① 梅尔文·A. 古德尔和大卫·米尔纳是两位颇具影响力的神经科学家，他们的研究表明，我们的视觉系统包括两条通路：一条用于感知（识别和辨认物体）；另一条用于行动（操纵物体）。

我近期的信件一样，他似乎在坦陈自己的想法，也在尝试各种思路，这既是为了我，也是为了他自己。

今天上午，出于好奇（在另一个情境中——我正在思考失明），我引用了迪伊的病例（她可能同 P 博士相似——他确实可以在无法感知的情况下采取行动，不仅会戴手套，还能自己穿衣服）。我更倾向于从意识／无意识、显性／隐性，以及（吉尔伯特·赖尔用过的一个说法）"知道是什么"和"知道怎么样"这些更普遍的角度来看待这个问题。"事实"和"行为"也在其中。克莱夫[①]不知道自己懂巴赫——但是给他总谱上的第一个音符，他就能弹出巴赫的赋格。他不知道自己知道什么——但他的所知并不遵循"知道某些事"或"知道是什么"的模式。因此，他的知识无法（以其他方式）得到应用……我还想到（思维可真够跳跃的）盲人约翰·赫尔[②]在失明多年后失去了视觉想象力，他无法想象一个数字"3"，说不出它是什么样子——但他能立刻在空中画出一个"3"。那他是怎么做到的呢？

几行之后，奥利弗说回我的主要想法，并且做了一番澄清。通过拿起咖啡杯来识别咖啡杯，或是通过唱出一个音来辨认音高，这同直接感知咖啡杯或音高并不一样。

……特别是，你的观点涉及通过自身行动重新获得感知（感觉），但我无法确定这是否符合实情。当 P 博士说"我的天哪，这是一只手套！"的时候，他可能依然缺乏感知手套的能力。他会"知道"那是一

[①] 克莱夫是一位患有严重遗忘症的音乐家，奥利弗在《脑袋里装了 2000 出歌剧的人》一书中写到过他。

[②] 约翰·M. 赫尔（1935—2015），英国伯明翰大学宗教教育学教授，写过一本十分动人的回忆录《触摸岩石：失明的经历》。

只手套，但这是他从自己的行为推断出来的，而不是感知的结果。克莱夫对巴赫的了解也有些类似……所有这些例子都强调了行动／自动／无意识／隐性，与感知／选择／意识／显性之间的区别——古德尔和米尔纳的特别之处在于，他们以病人为例，清晰地说明了这两种方式的区别，而且点明两者可以分离，有各自不同的解剖学路径。

看到奥利弗探讨两种截然不同的知识，我想起了另一种分类方法，在《立体的苏》及给我的第一封信中，奥利弗都提到过。这就是（伯特兰·罗素口中的）"描述知识"（即事实）与"亲知知识"（即经验）。正因为存在这样的区别，我对立体视觉背后机制的理解（描述知识）无法替代我第一次用立体视觉观看的体验（亲知知识）。所有这一切让我想起了我在《纽约客》上读到的一个故事，我在 2007 年 3 月 27 日给奥利弗的下一封信中描述了这个故事。

大约一年前，我在《纽约客》上读到过一篇文章（2006 年 2 月 27 日那期，第 27—28 页），讲的是一个名叫道格·布鲁斯的人，他患有完全逆行性遗忘症。和克莱夫所患的遗忘症不同，他对过去的任何事情都没有记忆，也不知道自己是谁，但是他可以拥有新的记忆……道格·布鲁斯的故事充满了乐观的色彩，因为他描述了自己"第一次"体验各种事的喜悦。特别是，他写下了这些话："那次事故之后，面对新的体验，我感受到了孩童般的新奇——或者说，是我想象中孩童般的新奇，同时我还有分析理解的能力……第一次捧起雪的时候，我既用双手感受着水晶似的触感，也想到了分子的结构……我感到极其幸运，虽然已经成年，但我还能经历初恋，就像一个十几岁的少年一样。"

我很喜欢这些引文，于是把文章剪下来，在外套口袋里揣了好几个月。尽管（谢天谢地）我没有道格·布鲁斯那样的悲惨遭遇，但在拥有分析理解能力（比如了解立体视觉的机制）的同时体验到孩童般的初见新奇（比如第一次看到立体深度）是什么感觉，我还是略知一二的（我非常喜欢你在《立体的苏》中的相关描述）。很巧的一点是，给我和道格·布鲁斯留下强烈第一印象的事物中都有雪。

一年后，在尤卡坦度假的时候，我读了海尔特·弗尔迈伊的回忆录《无与伦比的手》，感到非常兴奋。奥利弗曾告诉我，通过了解在感官缺失后另换方式体验世界的人，我们会更明白自己是如何理解世界的。我被弗尔迈伊迷住了，尽管双目失明，他依然为人类理解进化作出了重要贡献，并且构建了软体动物的进化史。2008年2月9日，我给奥利弗写了一封信，专门聊弗尔迈伊和他的书。

我曾以为盲人不会有良好的几何或三维感知能力，但事实显然并非如此。弗尔迈伊对盲文的描述，还有他讲述点字板和点字笔用法的段落深深打动了我。他指出，用磁带听有声书是一种被动的体验，而阅读盲文则是主动的。盲文是通过在纸上打点写成的，写完以后你得把纸翻过来才能阅读。因此，每个字母都必须以镜像方式书写！他直言，这个过程很快就培养出了第二天性。难怪他拿着软体动物的壳，在手中翻转翻转就能准确说出其几何特征。

奥利弗确实对海尔特·弗尔迈伊非常熟悉，他在2008年2月19日的回信中将弗尔迈伊和一位盲人几何学家相提并论，后者在"摸索"中做研究，提出了必要的拓扑学结论，呈现了球面如何从里向外翻转。对于弗尔迈伊的结论——阅读盲文是主动的过程，相比之下，听有声读物则是被动的过程——奥利弗也很受触动。

说到听书和读盲文，还有一段精彩的故事及见解是关于海伦·凯勒的，她（你可能知道）在十一二岁时曾被指控"剽窃"，因为她写的一则短篇和几年前出版的一则儿童故事主题一致，部分文字也雷同。她自己的说法是，她不记得听过这个故事，所以还以为是自己想出来的。她在自传中则说，如果有人朗读给她听，她会"被动地接受"，随后可能会不确定所听内容的出处，拿不准那是外来的还是自己的，但如果她"主动地"阅读盲文，含混和疑问就都不复存在了。

在回忆录中，弗尔迈伊描述了说服教育工作者和科学家相信他能像视力正常的人一样学习和作出贡献是多么困难。这让我想起我跟奥利弗讲过的一个学生的故事。

凯蒂天生就是全聋，但她决心生活在有声的世界里。她学会了读唇语和说话。在课堂上，她会坐在前排，紧盯着我的嘴巴（这有点令我不安）。作为一个听觉正常的人，我不知道自己能否真正了解她每天在学校付出了多大的努力，要保持多高的专注度。

凯蒂自然对听觉研究很感兴趣，于是我和一位同事带她去了一趟马萨诸塞州眼耳医院。在那里，我们见到了一位学识渊博的听觉科学家，他带我们参观了听觉实验室。那天真美好，在离开前不久，我们坐下来闲聊了一会儿。那位科学家问凯蒂毕业后打算做什么，凯蒂说她想去上医学院，以后当一名精神科医生。

"哦，不行的，"科学家却说，"你当不了。你听不见（好像凯蒂不知道似的！），没办法捕捉病人言谈中的细小差别和微妙之处。你必须选择另一种职业。"

面对这番话，凯蒂似乎很平静。不久之后，我们谢过科学家带我们度过了精彩的一天，离开实验室，来到大街上。看着凯蒂勇敢地冲向车流叫了一辆出租车，我被做母亲的本能淹没了。我们坐进出租车后，我对她说："那位科学家可能很了解听觉，但他对你一无所知。想做精神科医生你就去做吧。你可能听不见别人说话，但你能捕捉到听觉正常的人察觉不出的非语言线索。而且，你还能鼓舞你的病人……"

我本想继续说下去，但凯蒂调皮地笑了笑，打断了我。

"别担心，苏，"她说，"你都忘了，我长这么大从来没有听过别人的话！"

奥利弗显然被这个故事感动了。

我真高兴你在见过那个愚蠢的精神病学家[1]之后，给了耳聋学生这样大的肯定。有些全聋的精神科医生和病人可以享受最充分的互动（阿洛[2]有一篇关于这方面的论文，正是《看见声音》参考文献中的第一篇）。我在《看得见的盲人》中提到的一位失明的精神病学家——他现在也是一位拉比（丹尼斯·舒尔曼）——认为失明让他对微妙的表达<u>更加敏感</u>了。

信写到最后，我又说回了自己在尤卡坦的经历。

这封信以软体动物为话题开头，也即将以软体动物为话题结束。玛雅遗址和红树林遍布尤卡坦，这里有许多值得一看的地方。然而，我在假期看到的最喜欢的景象却是偶然发现的。有一天，我在一处非常漂亮的海礁附近潜水时，第一次遇到了野生鱿鱼。我习惯了在伍兹霍尔海洋生物实验室的水缸中看到这些生物。在那里，它们的样子苍白又暗淡。因此，当我在潜水时第一次看到它们带着斑斓的色彩游动时，我花了好一会儿才意识到我眼前的不是另一种鱼。我看到了四条鱿鱼，长度大约是八英寸到一英尺不等，排着平行的队列游动。从红褐底色配水平

---

[1] 奥利弗指的是那个告诉凯蒂她不能当精神科医生的科学家。
[2] 雅各布·A. 阿洛（1912—2004）是美国一位颇具影响力的精神科专家和精神分析学者。

虎纹，到蓝绿色、黄绿色的竖条纹和波点，它们身上的颜色和图案不断变化着。我看了很长时间，但不知道它们互相在聊什么。也许你能猜出来。

你软体动物学版本的，

立体的苏

Stereo Sue

软体动物学研究软体动物，而鱿鱼正是软体动物的一种。奥利弗在信的结尾用了一个更有创意、更具奥利弗风格的署名：

我第一次在野外看到鱿鱼的经历和你很相似，我遇到的是一支垂直排列的小队——我觉得（可能是错觉）它们对我和我对它们一样好奇。

所以，这里是你的鱿迷者①，单眼的奥利弗。

monouwan Oliv

---

① 奥利弗的自造词，表示十分喜爱鱿鱼的人。

钨诞

2007 年 7 月 2 日，我收到了凯特发来的电子邮件：

奥利弗的钨诞快到了（如果你 7 月 9 日在纽约市附近，我们很乐意邀请你来聚一聚，我们将和朋友们一起享用寿司大餐）。

奥利弗对元素和元素周期表一向情有独钟，初心不改。正因如此，他来我家做客那次，我儿子安迪唱的汤姆·莱勒的《元素之歌》才让他那样着迷。奥利弗甚至把人的年龄和元素的原子序数关联在了一起。即将七十四岁的他要迎来钨元素之年了。于是，我给他买了一个钨陀螺作为生日礼物，然后登上了开往纽约的火车，参加他 7 月 9 日的聚会。他居住的公寓很好找，因为就在他办公室所在的大楼附近。在聚会上，我见到了几位神经科专家、一位音乐治疗师、几位矿物爱好者、一位蕨类植物专家，还有一位湿地鸟类艺术摄影师。最后这位名叫罗莎莉·威纳德[1]，是坦普尔·葛兰汀[2]的好朋友，正是她把奥利弗介绍给了坦普尔。

---

[1] 罗莎莉·威纳德拍摄的湿地鸟类照片令人惊叹，也令人感动，可以在她的《美国湿地野生鸟类》一书中看到。

[2] 坦普尔·葛兰汀是科罗拉多州立大学动物科学教授，著有关于孤独症和动物行为的图书，包括《天生不同》《我们需要什么才会幸福》和《视觉思维》。奥利弗在《火星上的人类学家》一书中介绍了她和她所患的孤独症。

初次见面之后，我和罗莎莉也成了好朋友，她很大方地为我和奥利弗拍摄了本书收录的一些照片。奥利弗公寓的所有房间，包括厨房，都有书架，上面配了卡片，标明书的主题类别，从中能看出奥利弗读起书来显然杂学旁收、不拘门类。在聚会上，奥利弗给我看了两张红/绿立体图：一张上面是他曾经居住的伦敦街区，那是他小时候制作的；另一张上面有仙人掌，但他已经无法像我一样看清图片的深度了。

并　置

　　2007 年 9 月下旬，我再次来到曼哈顿，这次是去拜访我的新朋友罗莎莉·威纳德，我们第一次见面是在奥利弗的生日聚会上。这次在纽约，我俩和奥利弗在他的公寓相聚一晚，一起享用了寿司大餐（这是奥利弗最喜欢的食物之一），还搭配了附近利拉克巧克力店的巧克力。聊天的时候，我告诉奥利弗，阅读他的《偏头痛》那会儿我正好患有偏头痛。因为痛得厉害，我把一袋冷冻蓝莓放在脑袋上缓解不适。结果蓝莓融化，滴落的汁水把书染成了蓝色，而这一幕又刚好和书的主题相衬。奥利弗则告诉我，他喜欢在洗澡的时候看书。有一次他在读布赖恩·格林的《宇宙的琴弦》时，书从手中滑进了洗澡水中。后来他遇到了格林，还请他为那本被水浸湿的书签了名！

　　得知我和罗莎莉都喜欢游泳，奥利弗邀请我们第二天上午和他，以及一个朋友一起去切尔西码头的室内游泳池游泳。他的这位朋友竟然是琳内·考克斯，史上最伟大的长距离游泳健将之一，不久前还写了一本名为《游向南极》的书。一周后，我给奥利弗寄了一封道谢信，上面写道："和琳内一起游泳让我有点不好意思——有点像和伊曼纽尔·阿克斯四手联弹，但是琳内为人既友善又脚踏实地。"

　　这次见面时，奥利弗已经写完了《脑袋里装了 2000 出歌剧的人》，将关注点从音乐和大脑转向了视觉和幻觉。三个月前，为了应对右眼的肿瘤及由此导致的视觉扭曲，他接受了针对右眼视网膜中央区域的激光治疗。如果奥利弗闭上正常的左眼，只用右眼，他就会看到视野中央有一个巨大的黑色浑浊物，行走的时候也只能看到别人的下半身。因为右眼失去了中心视力，他失去了大部分的立体视觉，于是话题转向了我们共同的经历——身为立体盲的感受。例如，我提到，以前我总觉得所有被窗户框住的物体都和窗玻璃在同一个平面上。"是的，是的！"奥利弗有同感。他还告诉我们，他最近看到自己的钢琴老师靠窗坐着，总觉得窗外的树枝是从她头上长出来的！吃完晚餐，我们去了公寓楼顶，那里放置了座椅和绿植，是个舒适惬意的地方。因为正在丧失立体视觉，奥利弗上楼梯的时候格外小心。在楼顶，我俯瞰了一眼下面隔着好多层楼的第八大道，并且解释说，立体视觉让我能够更好地感知空间体积，但也激发了我对高度的恐惧。奥利弗点了点头：因为失去了一只眼睛的视觉，他现在对高度已经无所谓了。他总结说："用一只眼睛看东西会产生不同的空间概念。"我很赞同。

不久之后，我的信箱里出现了奥利弗寄来的包裹和一封信。

OLIVER SACKS, M.D.

2 HORATIO ST. #3G · NEW YORK, NY · 10014
TEL: 212.633.8373 · FAX: 212.633.8928
MAIL@OLIVERSACKS.COM

10/10/07

Dear Sue,

I very much enjoyed seeing you again — and yr letter. It is intriguing to get more details of the concept-of-space paths which you alluded (and I am now exploring in Nweise). I saw another chap, yesterday, who had lost central vision in one eye (from melanoma), and he too commented on a variety of unexpected (^ sometimes comic) difficulties — especially c̄ measuring, pouring etc. when cooking in the kitchen — And my analyst this morning told me of a seamstress

OLIVER SACKS, M.D.
2 HORATIO ST. #3G · NEW YORK, NY · 10014
TEL: 212.633.8373 · FAX: 212.633.8928
MAIL@OLIVERSACKS.COM

he nun who became completely unable to thread a needle + sew in a button when she lost an eye --

On the subject of STEREO I enclose Valyus' grand book, which was a great source of pleasure + information to me once (along c its many-many stereo-illustrations) - but I think now that it would be of more use to you -and more fun - than it is for me - So I hope you find it (at least in part) useful and/or enjoyable -

Let's keep in touch - and let me know how yr book is going -

Best,
oliver

OLIVER SACKS, M.D.

2 HORATIO ST. #3G · NEW YORK, NY · 10014
TEL: 212.633.8373 · FAX: 212.633.8928
MAIL@OLIVERSACKS.COM

奥利弗·萨克斯　医学博士

纽约州纽约市霍雷肖街 2#3G　邮编：10014

电话：2126338373　传真：2126338928

MAIL@OLIVERSACKS.COM

亲爱的苏：

　　<u>非常</u>高兴能再看到你——<u>还有</u>你的信。我觉得很有趣的是，我还能更详细地了解你空间概念的延展（如今我正在探索相反的过程）。我昨天见了另一位老兄，他也有一只眼睛失去了中央区域的视觉（是黑色素瘤导致的），他也谈到了各种意想不到（有时还透着滑稽）的困难——尤其是在厨房做饭的时候，把握量、倾倒液体等都变得很麻烦。而今天上午，我的分析师[①]告诉我，他遇到过一位女裁缝，她在失去一只眼睛之后便再也不能穿针引线和缝扣子了。

　　关于立体视觉，我随信附上了瓦柳斯的大作，这本书曾经给我带来无穷的乐趣和无尽的知识（还有很多很多的立体插图），但我想现在它对你比对我更有用——也更有趣。因此，我希望你也能看到它（至少部

[①]　正如奥利弗在他的回忆录《说故事的人》中讲述的，他从 1966 年开始面见心理分析师伦纳德·圣戈尔德医生，并一直定期向他咨询，直到奥利弗去世前不久。

分）的乐趣和 / 或实用之处。

让我们保持联系——别忘了告诉我你出书的进展。

祝福，

奥利弗

2007 年 10 月 10 日

这里提到的书是 N. A. 瓦柳斯于 1986 年出版的《立体视觉》。在内封上，奥利弗写了一段题词：

For Stereo-Sue,

from ex-stereo-Oliver,

with admiration
^ warmest good wishes

"致立体的苏，来自曾经立体的奥利弗，带着钦佩和最温暖的祝福。"当时，我已经收集了很多关于双眼视觉和立体视觉的图书，包括肯尼思·奥格尔的《双眼视觉研究》和贝拉·儒勒兹的《中央眼知觉基础》等经典著作，但我甚至都没听说过瓦柳斯和他的作品。

我了解了一下，尼古拉·阿达莫维奇·瓦柳斯出生于 1909 年，是莫斯科的一名教授和科学家，他为立体电影拍摄和其他用途设计仪器。瓦柳斯的书中充满了立体图和立体双图，还有很多信息涉及双眼视觉生理、立体影像装置，以及立体视觉在科学和艺术中的应用。他是苏联在立体领域的全能专家，但并不为大多数西方科学家所熟知——除了奥利弗。

读了奥利弗的信（我随信附上了瓦柳斯的大作，这本书曾经给我带来无穷的乐趣和无尽的知识——但我想现在它对你比对我更有用），我感到非常难过。关于失去立体视觉，我还能不能说出什么积极的话，让他感觉好一些？抱着这样的想法，我在下一封信（2007 年 10 月 21 日，这时写给他的信，用的已然是双倍行距，18 磅字号）中给他讲了三十年前发生在我身上的一件小事。

二十二岁那年，我去巴黎看望哥哥。一天早上，我们买了些羊角面包，在一处花园歇脚享用早餐。吃着吃着，我被一个洒水器吸引住了，那东西转着大圈工作，可以给一定范围内的所有植物浇水。我觉得洒水器先是顺时针旋转，然后再逆时针旋转，接着又回到顺时针旋转。我不停地惊呼："它换方向了！它变了！它又变了！"我哥哥也仔细观察了一番，但只看到它朝一个方向转动。我猜想，这是因为他有立体视觉，总是能完全看清楚洒水器什么时候靠近他，什么时候远离他。

最近，我给哥哥发了封电子邮件，想问问他是否还记得这件事。他在回信中表示，他也对那个快乐的早晨记忆犹新。他写道：

"哦，是的，那是在第五区的植物园，那里既是科学博物馆，又是花园。我记得我们当时站在一个拱廊里，望着洒水器浇灌园中精心培育的果树，还开起了玩笑，说你能用脑电波控制洒水器的旋转。"

我以前经常用纳克方块①之类的可逆图形自娱自乐，并且能从一种感知迅速切换到另一种。我甚至认为自己特别擅长这方面。也许，我的

_____

① 纳克方块有两种"看法"：

大脑能产生快速的感知变化，正是因为它对三维对象的处理不够明确。如果真是这样，也许你也能更好地欣赏可逆图形了。这并不能弥补你在视觉上的损失，但或许能提供一些娱乐。

从 2007 年到 2009 年，我们之间相当一部分通信都在聊音乐和《脑袋里装了 2000 出歌剧的人》、我第一本书的出版进度、奥利弗对即将完成的书稿的评价，以及我们糟糕的识途能力，还有我的带指南针的帽子。不过，我们依然不断地重提立体视觉和空间概念变化的话题。2008 年 2 月 9 日，我写道：

> 我一直在琢磨人对距离和空间的感觉，因为对现在的我来说，这些概念的变化是最大的……这种对距离的感觉在不断改变和扩展。一切都舒展开来。我的卧室不再那么杂乱无章，机场不再那么拥挤，森林里的树木也有了层次。
>
> 今天，我开车行驶在一条平坦笔直的道路上，道路两侧都是商店和商业区。这种看上去很复杂的环境曾经让我感到不安。但是，当我停在红绿灯前的时候，我可以看到大约在前方四分之一英里处出现了第二组红绿灯，再往前还有第三组。我看到所有的灯都亮着红色，在离这些灯很远的地方，群山向地平线延伸。这真是不可思议。我从未见过如此广阔的空间。在我获得双眼视觉之前，世界与其说是平的，不如说是压缩的。空间是坍塌的。
>
> 我想了解你的情况。我担心你能感受到的空间已经被压缩了。你能否借助从前的立体视觉经验继续看到向地平线不断延伸的风景？你还能感受到物体之间的空间吗？我希望你的盲点没有那么难对付了（也没有变大），希望你下楼梯时更有信心。

奥利弗在 2008 年 2 月 19 日的回信中写道：

你说得很准确，在没有双眼视觉的情况下，空间是"压缩的"，甚至是"坍塌的"。我不断发现这种情况——近处的物体和远处的物体不仅没有间隔，而且还时常荒谬地并置在同一个"平面"上，尽管其大小和特征明显不协调（昨天，在我的分析师那里，我真的看到一小堆彩色粘胶标签堆在了我的水瓶上——虽然知道真实情况并非如此，但我无法自主改变这种感知。我还不能靠自动移动头部来妥善地化解这种问题）。我在伦敦时遇到过一位年轻的音乐家，还收到了他写的精彩文章，这个年轻人突然失去了一只耳朵的全部听觉，对他来说，空间也"坍塌"了，至少音乐和听觉的空间坍塌了——他自己的描述比我书中提到的挪威外科医生更深入、更详细。我发现很难在这里将"感知"和"概念"区分开来。我真的认为空间的概念（但这指的到底是什么呢？）有可能坍塌。虽然视觉空间、听觉空间、运动空间等通常是相互关联的，但我并不确定它们之间的联系究竟是什么。

······

你所描述的空间扩展和延伸，现在正以相反的过程发生在我身上。唯一的"补偿"——实在没有多大，因为我不是视觉艺术家，也用不上这一点——是一切都被扁平化和并置了，我就能更强烈地感知"平面构成"，能看到（有时很美的）静物。

奥利弗从一开始就意识到，因为获得立体视觉，我有了新的空间感知，这样的原基或感觉是我从前无法想象的。事实上，2005年他第一次来拜访我时，发现我观看立体图的时候如此喜悦，他捋了捋胡子，思索着对鲍勃和拉尔夫说："她好像有了一种全新的感觉。"在人生的前四十八年里，我从来没有结合或融合过双眼看到的图像。既然如此，学习这项技能就是会带来全新的感知体验，这大概不足为奇。而奥利弗在人生的前七十三年一直拥有立体视觉。几乎每看一眼，他都将空间感知为（用他的话说）一个"透明的奇妙媒介"和"一片广阔、纵深的领域，我可以在其中定位自己并随意漫步"。因此，在 2009 年 6 月 1 日，我写道：

亲爱的奥利弗：

……

令我惊讶的是，你眼中的世界竟然变得如此扁平，你竟然经历了如此严重的空间概念压缩。在我获得立体视觉之前，我并不认为空间（用你的话说）"无比广阔，为实实在在的物体提供了媒介、场所和安置之地"，但我从前并没有足以产生这种概念的经验。而你，你曾在七十三年的时间里享受立体视觉带来的欣喜，我认为这些经验将有助于填补你现在缺失的东西。

奥利弗在 6 月 15 日回复了我，坦言他正在体验我曾经的立体盲生活，包括看到自己在镜子中的影像变化，还有变得不再怕高。

是的，令我惊讶的是（尽管我有七十三年的立体视觉经验，甚至曾经格外擅长看到深度），如今我面前的世界如此扁平，在没有其他线索的情况下，我发现自己很难把握"近的"和"远的"、"较近"和"较远"，甚至"前景"和"背景"这些包含比较意义的词。我"在功能上"还算不错，虽然略显勉强，但至少白天我还有能力开车，在这方面没有失去自信（我尽量不在夜间开车，因为看不清周边事物，我无法判断红绿灯的距离）——但观察深度所依赖的原基已经基本没有了（至少我看不到什么立体了——不过归根到底，我还保留了一点新月形的周边视觉 ①，所以不算完全失去了立体视觉）。我的许多体验和走到今天的你刚

---

① 此时，奥利弗的右眼在非中央区域还保留了一些视觉，可以结合左眼的输入提供些许立体的周边视觉。

好相反——你曾经提到过，在镜子里看到自己的身影前进和后退，你是多么喜悦，你写得真是太好了。我试着擦掉自己衣服上的一块污渍，却发现污渍在镜子上，而我的镜像贴着镜面——我完全没觉得自己的镜像在镜子后面，"透过镜子看"失去了意义。你还提到过，在夏威夷旅行期间，从高处或悬崖上往下看会让你突然感到惊骇／恐惧／畏惧／眩晕等。[1] 我曾经有比较严重的恐高症，会有各种自主反应和从高处坠落的想象——现在我对这些无动于衷了，这种无动于衷几乎到了危险的地步。

让我感兴趣的是，你现在感觉二维的空间表现形式——绘画、电影等能够非常强烈地唤起你对体积和空间的印象（它们也本应有这样的效果）。我却不太能感受到这种唤起作用了。就好像你获得了新的空间感，而我却失去了原有的空间感。我发现运动视差[2] 是不可或缺的，但它也没能支撑起我的立体视觉。

　　……

我一直在读 J. J. 吉布森的著作（《视觉世界的感知》《感知系统与感觉》）——你读过吗？他非常了不起，也许是第一个强调没有行动和互动就无从讨论感知的人——不说"看"就无法讨论"看了什么"，没有"听"就无法讨论"听到什么"，不动鼻子就无法讨论"闻"，等等——这是一种"生态的"看法（我认为戴尔·珀维斯在某种程度上和他观点相似——阿尔瓦·诺埃这样的"扩展意识"哲学家也是如此）。吉布森本人和珀维斯一样轻视立体感知，认为那只是获取三维世界信息的诸多方式中的一种，但我认为那些定量或行为测量不涉及什么原基，也没有

---

[1] 这种恐惧是在我获得立体视觉之后产生的。

[2] 当我们左右移动时，靠近我们的物体在视野中的移动速度似乎比远处的物体要快，这种相对运动或运动视差提供了针对层次顺序的感知，让我们能够判断什么在前面，什么在后面。我也经常用运动视差来推断远近，但只有在我获得了立体视觉之后，运动视差才让我感觉到物体之间的空间。

触及关键——这里需要的不是行为测试，而是对个人（比如你和我）经历的描述。

当我第一次看到三维世界的时候，我被自己的新视野深深震撼，欣喜若狂，甚至怀疑自己是不是疯了。而那个立刻明白获得立体视觉对我而言是何等奇迹的人，竟然失去了自己的立体视觉，这是多么悲伤，多么讽刺。两年后，奥利弗撰写了《看得见的盲人》，书中收录了五个病例，包括他的和我的故事，他写信告诉我："所以你的故事和我的故事会并列安排。"

暴　露

2008 年 3 月 19 日，我再次来到纽约，与好友罗莎莉一起探望奥利弗。十四岁就开始写日记的奥利弗给我们看了他的"黑色素瘤日志"。他神色黯淡、闷闷不乐。那个季节，我和奥利弗之间还有过几次通信，他所有的信中都说自己情绪低落、心不在焉。推进《脑袋里装了 2000 出歌剧的人》出版的主要工作已经结束，他正在撰写关于达尔文和开花植物的作品（《达尔文和花的意义》），并计划出一本"视觉"书，但这样一来，他又不得不重新面对自己受损的眼睛。

两个月后，也就是 2008 年 5 月 30 日，奥利弗计划在大都会艺术博物馆举行的世界科学节上接受科学记者罗伯特·克鲁维奇的现场采访。他在信中写道："立体（以你我的立体视觉为开端）肯定会成为我和罗伯特周五在大都会博物馆谈论的视觉主题之一——希望你能来！"采访当天早上，我正搭车沿着高速公路前往纽约的科学节会场，手机忽然响了，是罗伯特打来的。他要在科学节期间采访奥利弗，并且计划谈一谈奥利弗的眼部肿瘤、视觉扭曲，还有立体视觉的消失。他甚至打算展示奥利弗日志中的画。但那天早上，奥利弗打来电话，说他不想谈自己的视觉了。罗伯特没同意，他明确地告诉奥利弗："萨克斯医生，咱们已经箭在弦上了。"所以这个时候，罗伯特想知道我是否能上台讲几句，好分散一下奥利弗的压力。我同意了，罗伯特吩咐我到达会堂后向引座员做个自我介绍。他们会给我安排某个特定区域的座位，时机到了罗伯特就会叫我。

到达纽约之后，我先去了罗莎莉的公寓。她坚持认为上台要穿得时尚些，于是她帮我准备了当晚的服装。在大都会博物馆，我向引座员报了名字，然后被指引到左手边靠近过道的一个座位，面向讲台。罗伯特和奥利弗上了台，相对而坐，两人中间的桌子上摆着一大盆植物。他们开始谈论视觉，罗伯特放映了奥利弗的画，画的是他用右眼看到的自家卧室的吊扇。有些扇叶不见了，因为他的右眼视网膜受损，看不到它们了。他们谈到了立体视觉，奥利弗有些向往地补充说，他希望"立体的苏"在场，因为她可以描述获得而不是失去立体视觉的感受。对此，罗伯特回应道："她来了，就在观众席！"奥利弗假装惊讶地问："真的吗？！"罗伯特招呼我过去，我便离开座位，穿过人群，走到台上。在罗伯特的对面，奥利弗的右边，我找到了自己的座位。我坐下以后，罗伯特随手从那株繁茂的植物里拿出一个手持麦克风（他和奥利弗都戴着比较小的麦克风）。接下来，罗伯特向我询问获得立体视觉的情形，我说："我可以看到外侧的树枝如何包围并捕捉了整片空间，而内侧的枝条则在其中伸展穿行……我现在依然觉得这令人惊叹，我还是会感到惊喜，我的新视觉让我充满了孩童般的惊奇。"我用眼角的余光瞥到奥利弗点了点头。然后我回到座位上，罗伯特和奥利弗继续交谈。

活动结束后，我上台去跟奥利弗会和。他一直在找我，但我看向他的时候，他却沉默不语。我们穿过博物馆的埃及展区，在一具石棺前驻足，奥利弗提到他"暴露"了，这是在说他在公开场合谈了自己视觉受损的事。他看起来非常伤心，我不知道该如何安慰他。我也不明白他为什么要用"暴露"这样的说法，还以为他是同性恋，好奇这是不是他精心保守的另一个秘密。

和奥利弗一样，我也公开了自己的故事，因而产生了暴露的感觉。每次谈到自己曾是对眼，我都会重温儿时的羞耻和屈辱。所以，我想我能理解奥利弗在公开场合讲述个人故事时的纠结。我已经做了手术，多数人都看不出我有对眼。但是 1996 年，在丹升空前的聚会上，奥利弗在初次见面时就发现我有斜视，当时我甚至还没有提起自己的情况。我的秘密从一开始就暴露在他面前，而最终，他让我能够利用这个秘密帮助他人。

与音乐有关的插曲 II

2008 年 11 月 6 日，我给奥利弗写了一封感谢信，感谢他为《斜视康复之路》撰写序言，也感谢他早先在 10 月 13 日的信中对这本书的评价。完成这些对他来说并不容易，因为他正在失去我所获得的立体视觉。我知道他之所以情绪低落，多少是因为正在书写自己视觉受损的事。于是，我附上了一份礼物。我打算设法让他不去想视觉的问题，而我最近读的一本书提供了方法。

亲爱的奥利弗：

非常感谢你为我的书撰写序言。这篇序言充满热情地强调了所有重要的主题，但愿这本书没有辜负你那精彩的最后一段。对于视觉受损的你来说，阅读一本谈论立体视觉奇妙之处的作品一定很艰难，你愿意读完我的书，我便十分感激。同时也感谢你 10 月 13 日的来信，还有对我这本书的一切积极评价。出版的事在稳步推进，而我更有信心了。

随信附上一份小礼物：阿诺德·斯坦哈特所著的《小提琴之梦》，他是瓜尔内里弦乐四重奏团的首席小提琴手。一周前我读了这本书，喜欢得不得了。这是一曲音乐和小提琴"魅力与奇迹的颂歌"，也是一部关于小提琴家和小提琴制作的精彩历史著作。有一个反复出现的主题围绕巴赫的《恰空舞曲》（《d 小调组曲》的第五乐章）展开，另一个则关于斯坦哈特丰富多彩的梦想生活。他描写了钢琴家阿瑟·莱塞如何在巴赫《d小调组曲》的乐声中起舞，那一幕令我感动（我知道你不喜欢跳舞，但请试一试吧。我自己也跟着跳了起来，这开启了我聆听音乐的另一种方式）。

......

在《小提琴之梦》中，斯坦哈特一遍又一遍地提到巴赫的《恰空舞曲》。考虑到这首曲子的力量，我不应该感到惊讶，你在《脑袋里装了2000出歌剧的人》中也描写过这种力量——书中呈现了"9·11"纪念日当天，一位年轻的小提琴手在曼哈顿一隅演奏《恰空舞曲》的情景。《恰空舞曲》的开头和弦常常在我脑海中响起，让我想到才华横溢但性格复杂的父亲。

这本书还附带一张《d小调组曲》的CD，所以我也附上了乐谱。这样一来，你就可以同时看到和听到音乐的结构和景致。希望谱子上的音符不会太小以至于让你看不清楚。

既然这封信以音乐为主题，我想最后再跟你聊聊我的钢琴调音师弗雷德，他是个非常奇特的人。弗雷德的动作像个机器人，说起话来声音极为单调，他会强调每一个辅音，而每一个音节发音的轻重又都差不多。第一次来我家的时候，他走到钢琴前，仔细看了看我那阵子在弹的所有乐曲，研究了一下房间里摆放的家庭照片，然后便坐下来弹琴。令我惊讶的是，他弹了一首浪漫又复杂的曲子，好像是肖邦的作品，而且弹得流畅美妙，完全不像他说话和行动的风格。然后他开始调音，先用音叉调整A440[①]的弦，然后通过听觉对照音程关系来调整其他所有音。我想，这真是个奇怪的家伙，但愿他在调音上的能力比与人交流、理解他人的能力要强。

经他一调，琴音听起来美妙极了，我发现自己弹得越来越频繁了。从那以后，弗雷德每隔半年就会过来打理钢琴。然而有一天，他带来了

---

① A440指的是频率为440赫兹的音，在钢琴上是中央C以上的A音。

一个助手，询问能否让助手替他调音。由于弗雷德当时看起来慌里慌张、心不在焉，我立刻就同意了。一周后，弗雷德打电话问我钢琴调得怎么样。我告诉他，我觉得音准没问题，但有些地方和以前不一样了——琴音听起来太冲了。弗雷德说他六个月后会再过来调琴。

　　六个月后，弗雷德回来，又将钢琴调整了一番，大约一周后，他再次打电话询问情况。我高兴地告诉他："它（钢琴）变回老样子了。"我问他做了什么。弗雷德告诉我他整音了。下次见面，我问他"整音"是什么意思，他便向我展示如何调整与每个琴键相连的琴槌敲击时参与发音的毡面。他说（语气还是那么单调）："你喜欢圆润的琴声，所以我必须对琴键的声音进行相应的整理。"我真的很惊讶，询问他怎么会知道我喜欢那样的琴声（我都不知道自己有这种喜好）。"哦，"他说，"通过和你交谈、看你弹奏的曲子，以及观察钢琴的磨损情况，我就能知道你喜欢什么。"然后，他又补充道："我必须了解钢琴的主人，才能给钢琴调音。"

你音律和谐的苏

Sue

OLIVER SACKS, M.D.
2 HORATIO ST. #3G · NEW YORK, NY · 10014
TEL: 212.633.8373 · FAX: 212.633.8928
MAIL@OLIVERSACKS.COM

奥利弗·萨克斯　医学博士

纽约州纽约市霍雷肖街2#3G　邮编：10014

电话：2126338373　传真：2126338928

MAIL@OLIVERSACKS.COM

亲爱的苏：

多么可爱的一封信（和你以往的信一样）——这次还有书和 CD。前些年这本书刚出版的时候，我就有所耳闻——现在，多亏了你，我已经开始阅读了（目前只读了第一章——我已经成了一个阅读速度相当慢的人）；我还用床头的播放器播放了 CD，我一直在倾听和比较斯坦哈特在 1966 年和 2006 年演奏的两版《d 小调组曲》（早先的版本充满了青春的活力和色彩；但在我看来，后来的版本要深刻得多，也更具反思性——手头有乐谱对我帮助太大了，也要感谢你）。

我第一次见到活生生的小提琴大师是在 1943 年（我印象中是）——也可能是在 1945 年左右——耶胡迪·梅纽因来到饱受战争摧残的伦敦，演奏了《恰空舞曲》（"9·11"纪念日那天，我在曼哈顿一隅听到这首曲子时，脑海中便浮现出这一幕）。

你讲了一个调音师的故事，他说话单调、听上去有些像阿斯伯格综合征患者，却能敏锐地体察你（音乐上）的感受，这让我很感兴趣。我不禁（再一次！）感到好奇：在患有孤独症等病症的状态下，一个人是否可以对音乐和音乐情感做出充分的反应，同时却在其他方面表现出严重的情感匮乏？真想知道格伦·古尔德是否多少也符合这种情况——与早先的版本相比，他后来演奏的《哥德堡变奏曲》更得我心。

继续说巴赫吧——但这回演奏者的水平要差得多得多！上周，我的钢琴老师叫了四个学生去她的公寓，演奏正在练习的曲子（我弹的是 48 首第 1 册中的《E 大调前奏曲》，以及《小前奏与赋格》中的《c 小调前奏曲》）。这是自六十多年前演奏过《玛祖卡舞曲》①之后，我第一次为听众演奏（尽管听众非常少，而且极不挑剔）。

你喜欢我给你的书写的序言，这让我很高兴（也松了一口气）——

---

① 奥利弗在这里指的是肖邦的《玛祖卡舞曲》，即肖邦根据波兰舞曲和民间音乐改编的钢琴小曲。奥利弗小时候就背下了全部共 59 首玛祖卡。第二次世界大战结束后不久，他随父母去瑞士旅行，在当地一家酒店的即兴音乐会上演奏了这些曲目。

是的，因为要思考立体视觉，我确实在怀念中心生苦闷。而现在我必须面对的是，我要花一些篇幅，写写我自己的立体盲及其影响，还有其他和视觉有关的症状（我的视野中充满了扭动的小小幻象，但我对此视而不见；现在，最让我受打击的是视觉重复[1]）。我刚刚捡回一篇关于邦纳综合征的文章[2]——那是 2007 年 9 月被我"遗弃"的草稿。

再次感谢！全心全意祝福你和这本书！

奥利弗

2008 年 11 月 10 日

---

[1] 如果你停止注视一个图像后仍能继续看到它，那么你就产生了视觉重复。
[2] 邦纳综合征患者通常在视觉严重受损后产生幻觉。

带指南针的帽子

2009 年 5 月 13 日，凯特·埃德加给我转发了一封电子邮件，邮件来自一位患有斜视的先生，他正在寻求建议。我是这样回信的：

没问题，凯特，我会回复这位先生的电子邮件。他所在的地区有一些很不错的视光师。

我刚参加完视觉科学协会的会议，回到家中。趁我不在，丹做了一个很棒的母亲节礼物给我。他给一顶帽子装上了指南针和电路，只要我把头转向北方，帽子就会震动。我的方向感非常差，也许这个能帮上大忙。我现在就去附近走走看。

我在签名处写的是"在南哈德利不再迷路的苏"。过了一分钟凯特就回复了：

请让我知道效果如何，我们可能需要给奥利弗订一顶！

我和奥利弗的方向感都很差，这让我们既沮丧又尴尬。我们总是迷路。为了帮上忙，我丈夫丹找到一顶旧的宽檐遮阳帽，在里面嵌了指南针和电路（见文末彩页图 9）。如果指南针确定方向朝北，电路就会发动一个小电机，所以每次我把头转向北方，帽子都会嗡嗡作响。我很喜欢这顶帽子。我能用它来获得方向感吗？这顶帽子能否成为"导航治疗"的工具，就像视觉治疗中的聚散球一样？人到中年，我学会了用三维视觉看世界。有了这顶帽子，我还能学会另一种感受世界的新方式吗？奥利弗也在思考这些，于是我们有了下面的交流。

OLIVER SACKS, M.D.
2 HORATIO ST. #3G · NEW YORK, NY · 10014
TEL: 212.633.8373 · FAX: 212.633.8928
MAIL@OLIVERSACKS.COM

奥利弗·萨克斯　医学博士

纽约州纽约市霍雷肖街 2#3G　邮编：10014

电话：2126338373　传真：2126338928

MAIL@OLIVERSACKS.COM

亲爱的苏：

　　我对你的带指南针的帽子很感兴趣，很期待了解它能在多大程度上帮你在头脑中构建本地和其他地方的地图。我之所以感兴趣，是因为我自己几乎是个位置觉缺失的人——不认识地方、没有方向感、总是迷路，诸如此类——我也曾好奇，一个人有没有可能获得一种额外的、可能是人为安排的磁感。

　　几年前，有位朋友送了我一些指南针袖扣——后来我开始在口袋里放一些磁力非常强的稀土大磁块，它们会根据地球的磁场自动排列。我曾想过把磁铁放在耳朵里或眼镜上，但你需要的不仅仅是磁铁本身（相对微弱）的吸力——你还需要一种信号，这正是丹的帽子所能提供的。我们的大脑没办法自带磁铁矿颗粒[1]，也许带磁性的帽子可以弥补这一点。

　　……

奥利弗

2009 年 5 月 18 日

　　正如奥利弗所说，我的带指南针的帽子可以提供信号，这正是他的袖扣所缺失的。当我把头转向北方时，帽子就会发出嗡嗡声。它的嗡嗡声紧随我的特定动作而来。我们自己的动作与感觉的结合通常会为学习提供强有力的提示，所以我和奥利弗都想知道这种信号是否有助于增强我的方向感。

　　2009 年 5 月 27 日，我给奥利弗写了一封长长的回信（此处有大量删减）。

亲爱的奥利弗：

　　……

　　过去几周，我迷上了方向感。我询问了很多人，包括陌生人和朋友，请他们告诉我北在哪里。我可以用我的新帽子核查他们说得对不对。我已经有了结论，人可以根据方向感分为三类，我称他们为"天才""童子军"和"路痴"。

　　天才的方向感极强，他们总是能马上知道哪里是北。在四处行走的时候，他们会根据外界线索不断更新自己的位置信息，尽管这种行为通常是在不知不觉中完成的。

----

① 磁铁矿颗粒的主要成分是铁的氧化物，会根据地球磁场排列。

童子军也可以通过外界线索来判断哪里是北，但他们必须停下来思考。最常用的线索是主要道路、山脉或河流等大型地标，当然还有太阳。有些人会用太阳判断方位，具体方法非常复杂，不仅要考虑一天中的时间，还要考虑一年中的月份和地球的倾斜度。

第三类人是路痴，这个称呼好笑且准确。路痴完全不知道自己所处的方位是南是北。就算外界线索很明显，他们也从不留意，所以特别容易迷路（我刚收到你的来信，才知道这种情况的神经学术语是"位置觉缺失"）。大多数路痴都会坦然承认自己是路痴。我就属于这类人。我通常对从一个地方去另一个地方需要花多长时间很有概念，但我看不到不同地方之间的地理联系。我总感觉自己就像《星际迷航》中的人物，从一个地方直接被"传送"到了另一个地方。

这种地理地图思维的缺失导致我们很难记住不同的地点。20世纪70年代中期，我和丹在读研期间相识于普林斯顿大学。虽然我在普林斯顿待了四年半，当时也才二十多岁，但我对校园的记忆却非常少。上个月，我们回去看了看，几乎一切景象在我眼中都很新鲜。我没有认出图书馆、礼拜堂、拱门或其他任何大型地标。我只记得一些特别具体的细节。我记得化学楼的灰砖上盛开着紫色的花朵，也记得我待过的实验室的布局。

起初我以为，只要稍微了解一下亲友的观察力或视觉想象力，我就能测出他们属于三类人中的哪一类，但我错了。我的朋友S是研究化石、种系发生和查尔斯·达尔文的专家，堪称一位出色的博物学者，但他敏锐的观察力并没有延伸到方向感上。当我问他"北在哪里"的时候，他完全懵了，并愉快地承认自己就是一个路痴。

……

我还有个朋友M，她有点注意力不集中。我还以为她也是路痴呢……她倒是总能知道北在哪儿，尽管她看上去是个"走神教授"。

最近，我乘飞机出了趟远门，邻座刚好是一位有三十年工作经验的商业航空公司飞行员。我以为他肯定是个天才，或者至少是个训练有素的童子军，但当我问他方向感如何的时候，他却大笑起来，说："你去跟我家孩子聊聊吧！我已经带着他们迷路无数次了。我在地面上完全找不到路。在空中就不一样了，我可以看到一切。"实际上，这位飞行员在走路或者开车的时候就是个路痴。

那么，这顶帽子是否帮助我确定了方向？是的。但是为了获得更好的方向感，我必须认真思考帽子传达给我的信息。在过去……我曾经试图回忆从一个地方到达另一个地方时身体是如何移动的，以这种方式确定自己的位置。而大多数人更依赖视觉，至少我家里的其他人是这样的。

丹和孩子们在进入房间之前都会先开灯，这一直让我觉得奇怪。如果熟悉的地方有昏暗的环境光，能照亮基本轮廓，我就不会再费劲去开灯。我已经不自觉地记住了在家中各个房间移动时身体的感觉。这种建立在运动感觉上的导航策略在非常熟悉或非常有限的空间里很管用，但在更广阔的地方就不太行了。

……

有人评论说，要是想培养方向感，使用 GPS 系统或携带指南针可能和戴有指南针的帽子一样有效。但我不认为自己能通过 GPS 系统学到那么多，因为它把一切都替我做好了。使用指南针会有所帮助，不过，正如你在信中提到的，帽子给我的信号，也就是每次我把头转向北方时感觉到的嗡嗡声，能让我立即知道自己正在往哪走。最终，通过转头来获得嗡嗡声这件事让我能够积极主动地认路：想要"感觉"到北方，我就转头。有一天，我没有戴帽子，向北朝图书馆走的时候，我意识到自己正期待嗡嗡声响起。

……

我的母亲没有斜视，但我们的视觉习惯相似。她更注意近处和细节，空间感很差。她很可能也是路痴。有一次她告诉我，她在高速公路上开车时会感到困惑，开着开着就不知道车在哪条车道上了，感觉自己可能会开出路外。我也有过类似的体验。

母亲晚年总是忙于家务。看到身患帕金森病的她拖着步子四处走动，勉强维持着步履间的平衡，我们兄弟姐妹就会恳求她坐下来，但她从不听话，总要漫无目的地继续忙碌。

母亲去世一年后，父亲决定搬出我们住了四十七年的房子。我们发现清空房子里的东西出奇地容易。一切都是那么井井有条。有一个小抽屉专放鞋带，另一个专放回形针，就连地下室里的物品也按逻辑分类整理过。

我有时会推测，是母亲糟糕的空间感迫使她把房子整理得如此彻底。不过，真的是视觉习惯驱使她做了这么多事吗？后来我想起她的体贴周到，又开始琢磨，也许对房子这番精心的整理是她决定留给家人的最后的礼物。

……

你拥有新方向的苏

Sue

我提议给奥利弗做一顶带指南针的帽子，却收到了下面这封信。

OLIVER SACKS, M.D.
2 HORATIO ST. #3G · NEW YORK, NY · 10014
TEL: 212.633.8373 · FAX: 212.633.8928
MAIL@OLIVERSACKS.COM

奥利弗·萨克斯　医学博士
纽约州纽约市·霍雷肖街 2#3G　邮编：10014
电话：2126338373　传真：2126338928
MAIL@OLIVERSACKS.COM

亲爱的苏：

感谢你最近的来信（和从前的信一样引人入胜）。

你的帽子实验和方向感探索令我着迷，（收到电子邮件，看到你提议送我这样一项帽子时）我的第一反应是兴奋："好的，拜托啦！"但读了你的长信，我意识到探索这种新的感觉将是一件大事，就像你现在所做的一样——而我此刻（因写作）[①] 感到非常艰难和紧迫，无法去做其他任何事情。如果（如我所愿）夏天结束前能把完稿交给出版方，我的精神状态就会自由得多，到那时就可以尝试戴带指南针的帽子了。

……

回见。

奥利弗

2009 年 5 月 31 日

* * *

奥利弗说得没错。我确实花了很多时间思考方向感，主要是在上下班的路上。八个月后，也就是 2010 年 2 月 13 日，我在写给奥利弗的信中描述了辨别方向的简单方法，这次不需要戴帽子。总的来说，我在自己身上找到了日晷。

我为你画了一幅图，展示我在晴天找到北的方法。想象你自己就是图中投下影子的那个人。如果你在北半球，那么北方上午就在你影子的

---

① 奥利弗当时正在写作《看得见的盲人》。

143

右边，下午在你影子的左边。当太阳接近头顶时，你的影子本身就会指向北方。就这么简单，但我戴着带指南针的帽子走了好久才弄明白！

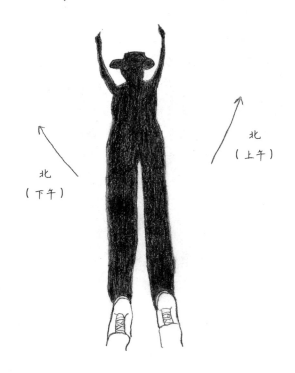

北
（下午）

北
（上午）

一步步走来，依然是你的苏

Sue

我一直没有给奥利弗送带指南针的帽子，但他一直对这样的帽子感到好奇，觉得它很有趣。因此，在 2010 年 6 月，我们给我和这顶帽子拍了一段视频，取名叫"北！"，并且上传到了 YouTube[1] 上。

---

① 视频分享平台，详见 youtube.com/watch?v=til_xXzq538，原标题为"北！"。摄像：邓普西·赖斯。

接二连三的糟心事

2009 年 9 月，奥利弗打电话鼓励我去参观他的朋友杰拉尔德（杰瑞）·马克思的 3D 艺术回顾展。在杰瑞的安排下，我和罗莎莉欣赏了他令人惊叹的、充满立体感的作品，之后我前往格林威治村拜访奥利弗。他正在写关于视觉和幻觉的内容；我母亲曾经长期服用治疗帕金森病的药物，也产生过幻觉，这让奥利弗心生好奇。此时奥利弗的听觉已然受损，再加上我们都认为写作是整理思路的最佳方式，所以我是在信中回答了他的问题。我告诉他，我母亲于 1985 年被诊断出患有帕金森病，她在纽约咨询了 S 医生，并于 1987 年开始遵医嘱服用信尼麦①。

我不记得母亲是在多久之后告诉我她产生了幻觉，但我想当时距离 1987 年至少过去五年了。那天我们站在厨房的水槽边洗碗，看着后院，母亲指着那棵大橡树告诉我，树上坐着四个人。当我告诉她那四个人并不存在的时候，她立刻表示同意，却又直言她还是看到他们在树上。几天后，我们去车棚准备上车，她又告诉我后座上有三个人。她也知道那不是真的，但她依然清楚地看到了他们②。

---

① 信尼麦用于治疗帕金森病，含有左旋多巴和卡比多巴。左旋多巴可以在大脑中转化为多巴胺，这刚好是帕金森病患者缺乏的神经递质，而卡比多巴可以防止左旋多巴被分解。
② 奥利弗后来告诉我，有一种常见的幻觉就是一个画面反复出现，就像我母亲看到的那些人一样。

听母亲描述幻觉的时候，我的脑海中浮现出一群一模一样、高高瘦瘦、一如卡通人物的戴着高帽的人。在上周与你交谈之前，我从未仔细思考过这个特殊的形象。后来我才意识到，这个形象来自诺顿·贾斯特的儿童读物《神奇的收费亭》中的一幅插图，画手是朱尔斯·费弗[①]。

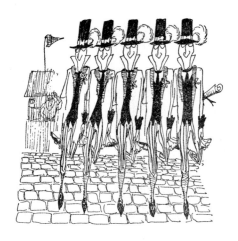

这些幻觉似乎并没有让母亲感到很困扰，我也不确定她是否就此跟S医生谈过。她甚至有可能都没有和我父亲提起过自己产生了幻觉。父亲时常因为她而忧心忡忡、大惊小怪。她则一脸茫然地忍受着幻觉，就像容忍她的其他病症一样。她常对我说："生活就是接二连三的糟心事。"

不幸的是，奥利弗即将进入的，就是"接二连三的糟心事"阶段。虽然在我去看他的时候，他穿着卡其短裤和徒步旅行靴，看起来结实强壮（而且很有英伦风格），但他很快就要去医院做全膝关节置换手术了。于是，我给他寄了一封轻松愉快的信，告诉他蟋蟀的耳朵不是长在头上，而是长在膝盖上。我的信与奥利弗2009年9月29日的信交叉寄出，他那一封要严肃得多，讲的可不是什么好消息。

[①] 这幅插图出现在该书第3章《欢迎来到词语国》中，米洛进入词语国时，迎接他的是五个一模一样的高个子。

OLIVER SACKS, M.D.
2 Horatio Street, 3G
New York, NY 10014
Tel: (212) 633-8373
Fax: (212) 633-8928

9/29/09

Dear Sue,

                              wonderful

     Thank you for your (as always, wodofful) letter of a few
days ago - with its thoughts on STERO and much else - and, of
course, the description of (some of) your mother's hallucinations
when on medication for parkinson's - hallucinations which she
recognkzed and described with humor and detachment (and which
you then empathically imaged as the imaginary creatures in
YHE PP_ANTOM TOO TOLL BOO TH.

     Your letter (like almost you have writen me) wll be
invaluable when in helping me to arrive at an amneded and
enlarged version of S TEREO SUE (I won't make any substantial changes
- only additions), and my own story (which of course includes
' FLATLAND ', ' a world without space ' ' No room ' or whatveer
I should subtitle this part..). I fear I have now lost what
little vision I had in the right eye - which, among other things,
gave me some ' implic t ' or uncoscious stereo in peripheral
vision - because I hayd a hemorrhage into the on Sunday, and
can see nothing but a sea of pink. I am told it will take 4-6
months to clear. So now I am truly monocular - and realize that
a futher essential sort of spatial sense and orientation has
disappeared - only now, in retrospect, do I realize how valuable
this was .. and what you call ' confabulations ' (I thirk you
mean ' conflations ') are more severe. I have difficulty recognizing
some buildings, because shadows cast by things in front of them and
behind them, and shaf ts of light and shadows, all get incopora ted
into a complex (and unintelligible) flat abstract. The very
idea of architecture, of objects, of empty space, or solidity,
seems even more eroded.. Interesting to write about, but unfortunate
it happened... [I have, howeve r, an exciting idea about a ' new '
book (or, rather, a different rearrangement of writing) - so
that one book will be entirwly   about HALLUCINATIONS, and the
oher will cosists of ? five individual case-histories - ' Anna O '.

                                        → fruv

Pat, Two alexic witers (engel and Scribner),
STEREO SUE - and then - -- then me-

juxta

So your s tory, and my s tory, will be in direct apposition.

    I am taking the drafts of all these to hospital
(where I will probably be moreorless uncomscious, or stoned
on analgesics, for a couple of days) -and then (af we can
swing it with insurance) to a Rehab place - hopefully Burke -
where I may have a fair chance of quiet writing and revising,
with Kate's help. Ourthought is that the caes-history book
(TITLE UNCLEAR AS YET) can be got ito publishable shape
fairly quickly - even perhaps a month or so - and get published
(\f one is VEY lucky) next Spring... and I ca then take more MY
time over what would be the larger and more complex HALLUCINATION
book.

                    our
    Anyhow these are thoughts at the monent...
                         ^

    Again, thank you, thank you for everything,

    and all m y love,

                                    Mon Oliver
                              (nir an evrhonar
                               or Steno Sue)·

奥利弗·萨克斯 医学博士

纽约州纽约市，10014

霍雷肖街 2#3G

电话：（212）6338373

传真：（212）6338928

亲爱的苏：

　　谢谢你前几天（和往常一样精彩）的信——信中有关于立体的思考，还有不少别的内容——当然，你还描述了你母亲在帕金森病服药期间产生的（部分）幻觉——对于这些幻觉，她的认识和描述是多么幽默和超然（而你则富有同理心地想到了《神奇的收费亭》里的幻想人物）。

　　你的信（仿佛已经写好）将提供极为宝贵的帮助，让我能够为《立体的苏》完成修订和扩展（我不会做任何实质性的改动，只会有所补充），并且写出我自己的故事（当然包括"平面国""没有空间的世界""没地儿"或是别的什么，就看取哪个小标题合适了……）。我担心自己现在已经失去了右眼仅有的一点视力——不说别的，我原本在周边还有些许"隐性"或不易觉察的立体视觉——因为周日我的右眼出血了，除了一片粉红色的海洋什么也看不见。我被告知需要4到6个月才能恢复。所以我现在真的是在单眼观物了，而且我意识到一种更关键的空间感和方向已然消失——只有现在回想起来，我才明白这是多么宝贵……你所说的"合编"（我想你指的是"合并"）问题更加严重了。我很难看清楚一些建筑，因为前前后后的景物，以及光线和阴影都融入了一种复杂的（难以理解的）扁平抽象画面。建筑、物体、无物的空间和实体，这些东西的根本概念似乎受到了进一步的侵蚀……写起来倒是很有趣，但经历起来很糟……不过，我有一个激动人心的想法是关于"新"书（或者应该是对文章的另一番重新整理）的，一本完全以幻觉为主题，另一本由五个独立的病例组成——"安娜·欧"、帕特、两位失读的作家（安格和斯克里布纳）、立体的苏，然后是我自己，所以你的故事和我的故事将直接并置。

我打算带着所有稿件去医院（住院期间有几天我可能会失去些意识，或是在止痛剂的作用下迷糊度日），然后（如果我们能走保险把事办成的话）去一家康复中心——但愿是那家"伯克"——到了那里我大概能找到状态，在凯特的帮助下快速写作和修改稿件。我们的想法是，讲病例的那本（书名还没定）可以很快进入定稿阶段，甚至一个月左右成形，（如果运气特别好的话）明年春天就可以出版……然后我就可以慢慢地写篇幅更长、内容更复杂的幻觉之书了。

总之，这是我们目前的想法……

再次感谢你，谢谢你所做的一切，

并致以我全部的爱。

单眼的，

奥利弗

（没有"立体的苏"那么悦耳）

2009 年 9 月 29 日

虽然在视觉上出现了危机，但是奥利弗并没有因此停止写作，甚至没有丝毫懈怠。他和凯特已经做了决定，他想讲述的视觉故事要用两本书而不是一本书来呈现——先写一本包含五个病例的小书，我的故事和他的故事也在其中（《看得见的盲人》），再以幻觉为主题写一本篇幅更长的（《幻觉》）。他在信中提到的以他自身为原型的故事"平面国"，则成了《看得见的盲人》中的一章，章节名是"视觉的持续"。这封信的署名是"单眼的奥利弗（没有'立体的苏'那么悦耳）"。

2009 年 10 月 18 日，从伯克康复中心出院后不久，奥利弗写了一封长达 9 页的手写信，信中还穿插了他画的小画。他从自己接受的膝盖治疗和我当初的视觉治疗中看出了相似之处，尽管他的经历痛苦得多。他在信中讲述了这个受罪的过程，还十分形象地描述了他肿胀的腿（"这条腿看起来就像一个南瓜，或者一头臃肿的死猪"），他的字迹越来越潦草，万宝龙钢笔的墨迹也越来越脏乱。下面是他的信，以及整理后的内容。

OLIVER SACKS, M.D.
2 HORATIO ST. #3G · NEW YORK, NY · 10014
TEL: 212.633.8373 · FAX: 212.633.8928
MAIL@OLIVERSACKS.COM

(Back to my
old Mont Blanc
fountain pen — but one will taken for
ever to dry ... and blotting-paper
seem to be virtually obsolete).

Rehab has been 'steady' (if
such a term can be applied to a
stepwise process ⌐, not a gradual
one ⟍ ⟋ etc — of course.
these are qualitative steps — not just
an extra 3° of flexion, but a whole
different organization (like moving from
a walker to a cane) and cannot even
be conceived from one step one is on
. I suspect this is analogous
to learning, education,
Vygotsky's "Zone of Proximal
Development" (ZPD)

→ ③

（又用上了我的旧万宝龙钢笔——但墨水要过很久才能干，吸墨纸看来已经过时了）。

康复治疗一直很"稳定"（如果这个词可以用来形容一步步的好转，而不是持续变化的话）。当然，我的腿也经历了<u>质变</u>——不仅仅是能够多弯曲 3 度，还有了完全不同的组织（就像走路时助步器换成了拐杖），甚至不能按照所处的阶段来看待了。

我想这类似于学习和教育，同维果茨基的"近侧发展区间"[1]有相通之处。

奥利弗写道，每一个治疗步骤，比如从使用助步器转为使用拐杖，都需要全新的组织，我完全理解他的意思。我在视觉治疗中也经历了同样的转变。因此，2009 年 10 月 26 日，我给他回了这样一封信：

通过视觉治疗，我学会了新的眼球运动，但这完全是因为要想完成目的更明确的行动，这些眼球运动是必要的一环。许多眼科医生都说过我不可能获得立体视觉，因为"没有人能教会一个内斜视患者如何发散双眼"[2]。

---

[1] 苏联心理学家列夫·维果茨基（1896—1934）提出了"近侧发展区间"的概念，处在这个阶段的儿童无法独立学习某项技能，但可以在成人或知识渊博的同伴的帮助下学习。这部分技能本身超出了他们的能力范围。

[2] 内斜视患者是指眼睛内斜的人，而"发散双眼"在这里是指矫正内斜，让双眼能够一起对准目标。

没有人教我如何发散双眼，是我自己学会了怎样融合图像，并且在看越来越远的物体时保持融合。

奥利弗在 10 月 18 日的信中继续此前的话题，描述了自己与治疗师的关系：

伯克康复中心的人非常棒——（在我看来）我们之间的关系既是师生，又是医患（我希望有一天能写一写这个——我很少探讨这类话题，大概也就是在《单腿站立》中"兴之所至"地讲了讲）。当然，你经历了学习去看的过程，你的书也围绕这一点展开，休伯尔/维泽尔机制①的方方面面都涉及了。

他的话让我想起了一位朋友的治疗故事。10 月 26 日，我在信中继续聊：

你在信中说伯克的治疗师相比治疗师更像老师。我认为一个好的治疗师就是一个好的教练。我朋友的女儿 K 患有脑瘫。长到十岁，她的体重增加了不少，拄拐行走的时候极其不方便。她一直在接受物理治疗，但效果不太好。后来，她的父母为她请了一位理疗师，这位兼做私人教练的理疗师改变了一切。在 K 的印象中，重伤或残疾的普通人会去找理疗师，而富人和名人则有私人教练上门服务。K 在教练的帮助下刻苦训练，坚持节食、瘦身，努力做到了每天步行一英里。

正如奥利弗在 10 月 18 日的信中所描述的，膝关节置换带来了感觉

---

① 大卫·休伯尔（1926—2013）和托尔斯滕·维泽尔（1924 年出生）是研究视觉皮层的先驱，他们探索了诸多视觉皮层细胞对光的反应。他们证明，这些细胞有的与单眼视觉相关，但大多数与双眼视觉相关。

和机械性刺激方面的问题。

站起来以后，我发现，和所有接受全关节置换术的病人一样，我也有感觉和机械性刺激方面的问题。没有了活的关节，人就没有了关节感受器（用来获取本体感觉或痛觉）。由于水肿严重，周围组织的本体感觉也受到了影响——腿自然是变沉了，但感觉很不一样（在我身上，1974 年的肌肉神经损伤留下了一些感觉障碍）。不过人们会适应这种情况——也许会发展其他感受器，或者更充分地利用现有的感觉信息。

我丈夫丹是做机器人的，他知道，即便是机器人，如果不能获得反馈，了解自己当前的动态，它也无法协调好动作。因此，在 2009 年 11 月 21 日的信中和奥利弗谈起本体感觉的时候，我讨论了这在我接受视觉治疗期间的作用，并且询问他是否有办法加强行走时的本体感觉反馈。

随着视光视觉治疗的展开，我觉察到了自己看东西的方式，也体会到了用不同的新方式转动眼球是什么感觉。和一些斜视患者不同，我从来不知道自己的哪只眼睛在凝视。借助红/绿眼镜和红/绿目标，我发现自己在凝视中不断换眼，也体验到了双眼同时"开动"的感觉。然而，对我来说最大的顿悟是，我明白了双眼凝视聚散球上不同距离的珠子时，两只眼睛聚合和发散是什么感觉。一次又一次，我记住了自己在完成一项新任务时眼睛的感觉。

我的网球老师在教我发球的时候也借助了动觉方法。在我学会将球向上抛起并击球之后，他让我闭着眼睛重复这些动作，这样我就必须注意动作的本体感觉。

这些视觉/网球训练的经历让我回想起女儿珍妮婴儿时期的一段温馨回忆。有一回，我给她穿上鲜艳的红袜子，让她躺在我们的大床上，就在丹的旁边，我正准备离开，又被丹兴奋地叫了回来。就在刚才，珍妮发现了自己的脚丫！在空中挥舞的双脚在她的眼前扫过。珍妮露出了无比惊讶的神色，然后让脚丫回到视野中，又扭了扭。她这样做了一次又一次，笑得格外开心。她把移动双脚的感觉和移动双脚的动作联系在了一起，就像十七年后，我把双眼聚散的感觉和双眼凝视绳子上珠子的动作联系在了一起。

我在想，一定的本体感觉训练对现在的你也许是有帮助的。你的躯体感觉皮层[①]一定在发生某种变化，因为来自膝关节的输入不复存在了。也许，通过有选择的肌肉振动，你可以增强躯体感觉，以及运动皮层对膝关节周围肌肉本体感受器的表征，进而改善协调性。也许，你还能获得全新的行走感觉。

正如奥利弗在 10 月 18 日的长信中进一步描述的那样，腿部和眼部的病痛让他开始以新的视角看待格林威治村一带。他还从自身三维空间意识和最右侧空间意识的流失之间看到了共通之处，两者都是他右眼失明的后果。

我现在（术后 18 天）走起路来还算稳当，不过要拄着拐杖，还得足够小心——在获得允许的前提下，仅限<u>室内</u>走动。如果要去熙熙攘攘的霍雷肖街，就得有人陪着：街上有很多注意力不集中（表现得像是有传入神经阻滞）的行人，他们都在全神贯注地发短信、打电话，等等；还有人突然从商店和门口冲出来——他们牵着不止一条狗，牵引绳很长，那些狗通常比较小巧，它们像带电粒子般相互排斥，于是牵引绳就像绊线一样四处铺展，能转 180 度。

---

① 躯体感觉皮层是大脑中的一个区域，负责处理来自全身的感觉信息，包括本体感觉、触觉、温度觉和痛觉。

　　现在我的右眼完全失明了，右侧视野缺失了一大块（约 50 度～60
度），一切都变得更加糟糕了（<u>更加</u>！）。直到现在，我才意识到那新月
形的周边视觉是多么重要，它所支撑的不仅是一种"低级"的立体视
觉，还有对扩展（在二维基础上扩展）的视觉空间的感知和<u>概念</u>。

　　右侧"突然冒出来"的人（和物体）总是让我大吃一惊。例如：我
和凯特在一起，进了电梯她却不见了，我困惑不解，想着她是在和门卫
交谈，或是绕道去了邮箱那边，或者另有原因——直到她开口说话，我
才意识到她就在右边，只是不在我的视野中。她一定是和我<u>一起</u>进了电
梯，一直在右边——在我视野缺失的地方，或者说盲区里。但令凯特惊
诧的不仅仅是我<u>看</u>不到她——这一点并不难以理解——而是我认不清她
（或者说她的形象）。因此，周边视野缺失似乎很像<u>中央</u>视野缺失（部分
偏盲）——"眼不见，心不烦"通常指的是糖果之类的东西，如果不藏
起来，它们就会被吃掉，但这句话在这里同样适用（甚至更加令人印象
深刻）：视野残缺了，心智也会变得迟钝，心灵能够感受的范围会变小。
人可以通过<u>知识</u>认识到这一点（就像你上大学时不得不面对自己在立体
视觉方面的缺失／缺乏），也可以学会适应（将头或眼睛转向盲区——
凭单眼获得信息）。事实上你必须这么做（不然后患无穷），但你只是获
取了知识，改变（改善）了行为，在我看来，三维空间（感）的丧失与
立体视觉的丧失类似于弄丢了"正确"片段——伴随（突发的）单眼失
明，出现了某种注意力不很集中、感官辨别力半丧失或疏漏的情况。

　　请原谅我这封长得离谱的信——疼痛让我变得啰唆，但另一个原因
是我现在最喜欢和你通信了。

奥利弗

Love, Oli

沙发上的小动物

在世界上所有的动物中，奥利弗最喜欢头足类动物——包括鹦鹉螺、鱿鱼、章鱼和乌贼。它们有很多触手，身体构造同我们人类很不一样，但它们还有和我们相似的大眼睛和大脑袋。几年前，我曾经送过奥利弗一个头足动物的填充玩具，那是一只漂亮的橙色鱿鱼，我经常看到它栖息在奥利弗客厅的沙发背上（就当鱿鱼也可以"栖息"吧）。于是，在 2009 年 10 月奥利弗接受康复治疗期间，我又寄给他一个头足动物的填充玩具，这次是一只蓝色的章鱼。

我想，用着硬邦邦的新关节，你有时可能会希望自己是一只章鱼。这些动物身上唯一坚硬的部分就是嘴巴里的喙。它们非常灵活，可以把自己弯折蜷曲进缝隙里，最棒的是，它们可以整天游泳。

是的，奥利弗回信说，那只鱿鱼一直很孤独，很高兴能有一个同伴。"也许什么时候会有一只毛茸茸的 Sepia① 加入它们。"

---

① "Sepia"是一种乌贼属动物的学名。这类乌贼的墨囊中含有棕色色素，所以这个单词本身可指深褐色。

钢铁神经

然而，对奥利弗来说，最大的烦恼还远没有到来。2009 年 12 月 1
日，他用严重歪斜颤抖的手写出了下一封信：

我现在只能简短地表示感谢，因为坐着实在是难受，站又只能站十分钟，躺着写出来的字更是潦草难辨。膝关节置换术的"另一面"，以及后续步态姿势不对称等问题，导致我身体的另一侧出现了令人恼火的坐骨神经痛，而且一天比一天严重，现在另一条腿在感觉和运动方面也有些问题了。因此，我不得不再次接受手术——包括椎板切除术——时间定在下周四。我不喜欢连续做手术，也不喜欢全身麻醉，但我真的别无选择。

奥利弗和他经历的一连串磨难让我想起了《圣经》中的约伯。尽管如此艰难，他依然在凯特和办公室助理海莉·沃伊奇克的帮助下继续写信，并且完成了《看得见的盲人》的书稿。他在信中提到，他很快就会寄一份稿子给我。

我一直不知道该在信中写些什么来让奥利弗振作起来。不过，他与剥夺人体功能的坐骨神经痛的斗争，让我想起了一个我非常熟悉且充满希望的故事。

亲爱的奥利弗：

希望这次手术能让你缓解病痛，逐渐回到更积极的生活中。你在上一封信中描述了令你虚弱不堪的坐骨神经痛，这让我想起了另一个故事，它发生在十年前，有着美好的结局。

当年，我母亲患有严重的骨质疏松症。她曾饱受骨折之苦，手腕和肩膀出过不少问题，肋骨断过十四次。但她经历过的最糟糕的骨折，要属脊柱压缩性骨折——有两次骨折后她完全不能动弹。她没有瘫痪，但任何运动都会让她痛苦不堪。她只有平躺的时候还算舒适，但凡动一下，腿部就会痉挛，肌肉收缩成钢铁般硬邦邦的一团，让她痛不欲生。整整五个月，她躺在床上一动不动。我不得不给她换尿布。那段时间非常难熬。

在康涅狄格本地和纽约市，我和父亲带着母亲去找了很多医生，但除了开个奥施康定之外，没有人知道该怎么办。去找一次医生可是了不得的征程，因为我们必须用担架把母亲抬上救护车。我们咨询的第十三位医生是疼痛方面的专家。讽刺的是，她的诊室在一栋办公楼的二层，楼里的电梯太小，无法容纳整副担架。我们不得不帮母亲弯曲身体、摆成坐姿，而这引发了她的痉挛。母亲强忍下了一切。

接待我们的时候，那位疼痛专家一副心不在焉的样子，神情很冷漠，还好她有一边思考一边说话的习惯。我听到她喃喃自语："压觉点、硬膜外、肉毒杆菌毒素。"她做了一个没有任何效果的小推拿，并告诉我们几周后再来就诊。但对于像我母亲这样饱受无休止疼痛折磨的人来说，几周的时间简直就是永恒。离开诊室，我们只觉得沮丧、失望和郁闷。

回到父母家，安顿好母亲，我乘火车返回马萨诸塞州，路上回忆起医生治疗时的情景。我一直在想肉毒杆菌毒素的事。如果肉毒素①能阻断神经肌肉传导，那么在正确的部位注射肉毒素是否能抑制肌肉痉挛、让神经愈合呢？于是我给疼痛专家的诊室打了电话，接待员非常能干，她告诉我这位医生还没有使用肉毒杆菌毒素的执照，但当地另一位医生有，那是一位名叫 F 的理疗师。我给 F 医生的诊室打去电话，转接到了留言信箱，于是我留了言，然后收起手机，在剩下的火车旅途中闭上眼睛打盹儿。

几分钟后，我开始后悔了。那阵子，如果是为了母亲的病情给医生留言，我会说："我是苏·巴里医生，打电话询问病人埃丝特尔·范斯坦的情况。"这番话本身没有什么不准确的，但这是在耍心眼。我有博士学位，所以可以自称"doctor"，我很少这样做，但我发现如果医生以为我也是医生，他们就更有可能及时回电话。然而，在给 F 医生留言的时候，我只报出了自己的姓名，并且表示我打电话是为了我母亲。

在回家的火车上，那个冬天不知第几次下起了雪，所以一到家，我

---

① 肉毒杆菌毒素的别称。

就决定铲铲雪，放松一下。我把车道清理了差不多一半，就听到女儿在屋里喊我接电话。我让她留个口信，但她告诉我，来电者打到了我的手机上。至少对那时的我来说，手机还是个新事物，很少有人知道我的手机号码。我放下雪铲往回走，希望来电者是医生。

果然，是好心的 F 医生回了我的电话。我给她讲述了母亲的情况，并问她是否认为肉毒素会有帮助。她告诉我，她从未按照我的思路使用过肉毒素，但她愿意试一试。当我开始描述我们要如何把母亲送到她的诊室时，F 医生打断了我，她说她并不要求病人去她那里——她会来我父母家。

两天后，F 医生带着装有救命毒素的注射器拜访了我的父母。她在我母亲开始痉挛的部位注射了几针。一周后，父亲打来电话，说痉挛的频率降低了。又过了一两周，痉挛完全消失。渐渐地，母亲可以坐起来、站立和行走了。由于她患有帕金森病，这里说的行走实际上只是扶着助步器在屋子里晃悠，但这已经足够了。痉挛和疼痛再也没有复发。

这个故事还有一则后记。在讲课的时候，我会试着加入一些小插曲，好让学生们沉浸其中。因此，在神经生物学课上，我会讲一讲我母亲和肉毒素的故事，说明神经递质的释放机制和肉毒素的作用机制。讲述的过程中，我能感觉到每个学生都在认真听。过了一段时间，到了考试的时候，我发现每个学生都对递质释放和肉毒素的作用有了详细的了解。当然，我使用的策略是从你的书中学来的。在教学中，引人入胜的故事总是无可替代的。

祝早日康复！

爱你的，

苏

Sue

2009 年 12 月 11 日

每当感觉奥利弗需要一份鼓励他振作的礼物，而我又没有更多的头足动物填充玩具时，我就会送他一些和音乐有关的物件。我已经送过他《小提琴之梦》，后来又送过他特里西娅·滕斯托尔写的一本关于钢琴教学的好书《逐音演奏》。这次，我给他寄了一张很棒的DVD，里面是格伦·古尔德演奏的巴赫《哥德堡变奏曲》。奥利弗在回信中写道："我看了，听了，（和你一样）为古尔德重弹《哥德堡变奏曲》的DVD所折服。人们可以看到他的激情、他的陶醉，以及他的幽默感和挥洒自如——变奏之间迷人的手部动作，等等——真是太棒了！"

2009年平安夜那天，我和罗莎莉、坦普尔·葛兰汀一起去奥利弗的公寓看望他。他看起来瘦得吓人，为此，一位开餐馆的朋友不得不每晚给他送去高热量的食物。奥利弗告诉我们，坐骨神经痛让他饱受折磨，他曾想过自杀。他所承受的疼痛和我母亲一样，都是神经压迫引起的，阿片类药物的止痛作用不佳。奥利弗甚至向他的医生提到了我母亲注射肉毒杆菌毒素的事，医生则向他保证，随着时间的推移，他的疼痛会逐渐减轻。现在，疼痛总算是缓解了。他可以根据厨房计时器的指示坐上十分钟，但其余时间都在公寓里踱步或是躺在床上。尽管如此，我们还是一起吃了饭，互相讲了故事，我心想，奥利弗是多么坚强和隐忍。他没有停止写作和修订稿件，告别的时候，他还让我带走了一份稿子，那是即将出版的《看得见的盲人》中讲述他自身经历的章节。

那次乘火车回家的旅途令人难忘，不仅是因为我读到了奥利弗的回忆录，还因为列车员在每节车厢收票时，都会用浑厚的男低音唱起"我会回家过圣诞"。尽管列车员唱得喜气洋洋，但读到奥利弗描述自己失去了什么时，我还是越来越难过——他再也看不见自己右侧的大片区域，甚至都意识不到它的存在，而他仅剩的立体视觉体验只能出现在梦中或者使用镇静药品时（他总是很科学地称那些药为大麻）。梦和药品，我忽然想到了很多，因为第一次用立体视觉看东西的时候，我就有一种产生了幻觉的感觉。当时我想起了才读过不久的一本书中的一段话。因此，在 2009 年 12 月 28 日的下一封信中，我写道：

　　在读赫胥黎的《知觉之门》时，他嗑酶斯卡灵上头时选择描写的事物深深地震撼了我。刚刚看到三维世界的时候，最先令我惊奇的刚好就是他描述的那些东西。他谈到了花瓶中的花朵、椅子和椅子腿，以及他裤子上的褶皱。我也曾被花草的立体感、椅子在空间中存在的方式，以及家人冬衣上华丽的褶皱和纹路深深吸引。

修改《立体的苏》

一个月后的 2010 年 1 月 30 日，我给奥利弗写了一封长信，请求他修改《立体的苏》原稿里的四句话，之后再将其收入《看得见的盲人》作为一章。这些改动涉及《立体的苏》刚写成时我们之间的一次讨论。奥利弗最初推测，我之所以能获得三维视觉，是因为小时候有过一些短暂的立体视觉经验，但我在四年前已经分辩过了，当时我写信告诉他，这些短暂的立体视觉经历对于我在中年时发展出立体视觉可能并不是至关重要的。也许绝大多数人，包括从小患有斜视的人，天生就具有双眼视觉和立体视觉的回路。但是，如果一个人眼睛歪斜，双眼不能对准空间中的同一位置，这种回路就会受到抑制。"我认为这些（童年时期的）立体视觉表明，我一直都有立体视觉的潜能，只是需要双眼摆好姿态才能发挥出来。"

几天后，在 2010 年 2 月 4 日，奥利弗给我回了信。

我刚刚读了你（非常棒）的信，赶紧给你写回复（尽管我连合适的信纸都没有）。

这封信写在一张黄色的横线纸上。

我理解你所有的观点，非常感谢你从中体现出的认真思考……因此

（除了一个小问题），我很乐意接受你所有的修改建议。

他所说的"一个小问题"是什么？对奥利弗来说，词语是重要而有力的：

（这个小问题就是"姿态"这个词，你用了好几次，还建议我也采用。）我必须找到一个替代词。因为在我看来（这可能说明我在文字上确实很老派），摆"姿态"这个说法有一个更明显的含义，就是逢场作戏、装腔作势——和"蒙骗"非常接近。你的用法可能理论上是正确的，但我无法在这种情况下使用这个词。

于是，奥利弗把"姿态"换成了"位置"。

钡　诞

在我生日的前一天，也就是 2 月 20 日，奥利弗寄来了一封写在黄色横线纸上的信。

Oliver Sacks, M.D.
2 Horatio Street #3G
New York, NY 10014

Dear Sue,

Almost everyone I know in have a birthday around now, and I have tried to send people their birthday element (so I got an ingot of indium for Billy's 49th, and a pebble of thulium for my sister-in-law's (69th). I wish I could send you some caesium for your 55th — it is, at room temperature, a pale golden liquid — like golden mercury — but it is also the most dangerous element to have around if it gets loose — it catches fire instantly, burns with a coerulean flame and ~~if you make an it~~

167

through water causes a violent explosion,

and (the oxygen of) sand only

fuels its fury. And caesium *~~metal~~* keep
~~are burnt any.~~ pure
caesium minerals —

So no caesium *~~this~~* this year —

but bigger next year.

Happy Birthday!
dow.
ous

You would need
a fire-extinguisher
full of argon

P S. I discover, in fact,
(new)
that you were born in '55
(summer in)
(I think in *~~October~~* of 1955 — 55
~~so~~ seduced me).

亲爱的苏：

这阵子我认识的人几乎都在过生日，我也试着给他们送去生日元素（我给比利的四十九岁生日送了一锭铟，给我嫂子的六十九岁生日送了一颗铥）。我希望能送你一些铯作为五十五岁的生日礼物——在室温下，它是一种淡金色的液体，就像金色的水银，但它也极为危险，放在身边很不安全，稍不注意它就会立即着火，燃起蓝色的火焰。泼水灭火会引起可怕的爆炸，而沙子中的氧元素只会让它烧得更欢。至于纯净的铯矿物质，即使有也非常稀少。

所以今年就不送你铯了，但明年我会送你氧化钡。

你需要一个装满氩气的灭火器。

生日快乐！

你的奥利弗

2010 年 2 月 19 日

附注：我发现你其实是 1954 年出生的（我还以为是 1955 年，和五十五岁刚好成对，我真是过于喜欢对称了）。

后来，奥利弗请一位矿物学家朋友给我寄了三块可爱的蓝色半透明棱柱形重晶石（硫酸钡）晶体。现在，它们在我的岩石和矿物收藏中占据着特殊地位。

理想的读者

亲爱的奥利弗：

　　4月的第一个星期，我去墨西哥的巴哈露营和观鲸，在洛杉矶举办了一些讲座，还读了《微积分的人生哲学》[①]。

　　我很喜欢这本书，原因有很多。首先当然是因为它讲述了一段书信交往的友谊，跟我们很像。其次是书中有精彩的数学知识——其中一些我亲自动笔算出了结果。阅读关于斐波那契数列和傅里叶级数的内容，就像重新认识了老朋友。事实上，我和丹的第一次谈话就是关于傅里叶变换的。当时（1976年）我对傅里叶分析一无所知，他向我解释了一切。他是如此真诚、热情和温和，我当场便坠入爱河，并且将他画满波形和数学符号的那张小纸片保存了起来。

　　三十四年后的今天，我在洛杉矶机场阅读斯托加茨书中关于傅里叶级数的内容。我那有些数学头脑的女儿就坐在身边，于是我给她看了这一章，并提到我曾经对另一个叫泰勒的级数着迷，但现在却记不起细节了。就像斯托加茨的书中写的那样，学生和老师交换了位置。珍妮向我展示了如何对正弦和余弦函数做泰勒展开，让我重新发现了它们与 e^{ix} 还有欧拉公式之间的联系。

　　旅途全程，我在各种经历中体会着斯托加茨的思想。我喜欢他笔下

---

① 《微积分的人生哲学》的作者是史蒂夫·斯托加茨。

广义的共情（第13页）。在观鲸的过程中，我们不仅对鲸产生了强烈的共情，而且明显感觉到鲸也在共情我们。我们看到的多数鲸都是成对的母子，它们并排游动，彼此靠得很近，几乎贴在一起，这更加激发了我们的共情之心。有一次，我们看到一头疲惫的鲸宝宝卧在鲸妈妈宽阔的背上休息。谁会不渴望这样一位伟岸结实、能把孩子保护好的妈妈呢？

灰鲸刚出生时体重就有七百磅。在出生后的头两周，它们靠吮吸鲸妈妈的乳汁就能每小时增重三磅。雌鲸的乳汁中含有50%的乳脂，是比冰激凌更醇美的好东西。刚出生的小鲸虽然个头很大，但宝宝就是宝宝。因此，当大块头的宝宝之中有一头游向我们的船时，我们全都夹起嗓子，用跟小孩说话的声音嚷道："小鲸快来，小宝贝快来！"这些鲸似乎很喜欢我们的召唤声，有一头母鲸把它的宝宝推到船边，让我们抚摸。鲸宝宝的皮肤摸起来就像剥了壳之后湿润的煮鸡蛋。

你和灰鲸能够深深地共情彼此。灰鲸的双眼分开得很远，长在头部两侧，它们恐怕是没有双眼视觉的。为了直视我们，它们要大费周章地转头。在冲出海面之后，它们通常会从右侧下落入水，久而久之，右眼就会视觉受损。我哥哥告诉我，在《白鲸》中，麦尔维尔写到抹香鲸胆子很小，他把这一点归因于它们眼睛的位置和看东西的方式。

……

我希望你感觉好些了，也希望你能带着热情写作。考虑到你大概还不便出门，随信附上我在巴哈半岛捡到的贝壳（我想这是一个白樱蛤）。正如你看到的，那里的贝壳格外厚实坚硬，有些贝壳里面还有小惊喜①。

为你写信的，

苏

Sue

2010 年 4 月 19 日

---

① 这里说的惊喜是墨西哥海滩上光滑的鹅卵石。

OLIVER SACKS, M.D.
2 HORATIO ST. #3G · NEW YORK, NY · 10014
TEL: 212.633.8373 · FAX: 212.633.8928
MAIL@OLIVERSACKS.COM

奥利弗·萨克斯　医学博士

纽约州纽约市霍雷肖街 2#3G　邮编：10014

电话：2126338373　传真：2126338928

MAIL@OLIVERSACKS.COM

亲爱的苏：

感谢你（一如既往）精彩的来信（4 月 19 日这封）——你太会写了，你的每一封信都让我看到了新鲜、独到之处。

事实上，我认为你应该写信给斯托加茨——他是一个非常热情、友好的人，而且才华横溢——向他讲讲你对那本书的共鸣吧。你就是他的理想读者。

……

谢谢你寄来可爱的贝壳，还有里面的惊喜——一定要写信给斯托加茨啊。

奥利弗

2010 年 5 月 4 日

多亏了奥利弗，我真的给史蒂夫·斯托加茨写了信。在康奈尔大学办讲座那阵子，我还去办公室拜访了他。我们聊了聊他的两本书——《微积分的人生哲学》和《同步》，以及我们各自是如何认识奥利弗的。

学习倾听

正如奥利弗在了解病人的过程中学习，我也在了解学生的过程中获益良多。我会在写给奥利弗的信中谈到她们，尤其是那些克服了感官缺陷的学生。

2014 年 10 月 11 日

亲爱的奥利弗：

......

几周前，我的一个学生 P 蹦蹦跳跳地来到我的办公室，马尾辫在脑后一甩一甩的。我对她说："你看起来挺开心呀，发型也变了。"P 是个听觉不健全的女孩，习惯用头发遮住耳朵，把助听器藏起来，但那天，她扎起了头发，我根本没看到助听器。我问她助听器去哪儿了，她迅速伸手从一只耳朵里取出一个小东西给我看，那助听器挂在外耳上的部分是透明的。当她把助听器放回耳朵里时，外面的部件就像消失了一样。不过，除了外貌上的改观，新助听器对她还有更多生活上的帮助。"我爱科技，"P 说，"我的助听器在不断改进。有了这个，我就能分辨声音的来源了。我再也不用这样——"说着，她睁大眼睛，前后移动脑袋，好像在做场景扫描，这些动作她显然非常熟练，"听到声音的时候，我不用再找东找西了，我能直接知道声音是从哪儿来的了。"我觉得这真

174

是太棒了，获得更好的听觉输入后不久，P 就发展出了一种新的技能，也就是声音定位——现在的听觉输入能让她分辨出声音首先到达哪只耳朵。

祖赫拉·达姆吉是给我启发最多的学生之一，在十二岁接受人工耳蜗植入术之前，她根本听不到任何声音，而十二岁对于开始学习用听觉感知世界而言算是大龄了。某天，祖赫拉来我的办公室交作业，我有些迟疑地问她是否愿意告诉我她的故事，她非常乐意，我们聊了很多，2010 年 4 月 19 日，我写信给奥利弗讲述了她的经历。

两天前，我和我的学生祖赫拉进行了一次长谈，她从出生起就是重度耳聋，但在十二岁时接受了人工耳蜗植入术。刚开始使用人工耳蜗时，她并不知道自己听到了声音，而是产生了一种畏惧、不快、紧张的感觉。最初几天，她每次戴上体外机都会有这种可怕的感觉。但她提到，她最终还是接受了，然后开始有所期待，并且将一些感觉解释为有意义的声音。

她在这里用的词是"接受"，这让我很感兴趣，因为我认为任何经历感知大幅提升的人都必须学会忍受一定程度的不适、困惑和不确定。如果没有医生、治疗师、家人和/或朋友的支持，那么患者本人可能会拒绝这种转变。一位视光师最近告诉我，她有一个患有弱视的患者，他接受了视觉治疗，却又害怕在上学期间产生立体视觉。在复习准备考试的时候，他不让自己用新的视觉方式看东西。在他离开学校回家度假后不久，三维世界才出现在他眼前。

祖赫拉告诉我，她最先辨认出的声音是汽车的马达声和人的说话声，不过她花了一到两个月的时间才分辨出男声和女声。你一定喜欢这个细节——她能通过声音识别的第一个单词是"香蕉"！最初，她是根据音节的数量和发音的独特性来辨别单词的。听起来像"banana"的英语单词确实不多！

我问她会不会对什么声音感到惊讶，她说她没想到柔软可塑的东西，包括纸、皮肤和水，也会发出声音。下面这些声音都让她颇觉惊讶：

- 纸张皱起的声音。
- 用剪刀剪纸的声音。
- 她走动时衣服发出的"唰唰"声（这种声音起初让她非常不安）。
- 当她在椅子上移动重心时，自己瘦小的身体发出的声音。
- 她刷牙的声音。
- 扫帚扫地的声音。
- 水烧开的声音。
- 她用手摩擦镜子时发出的"吱吱"声。
- 在黑板上用粉笔写字的声音。
- 钥匙插进锁眼的声音。
- 在纸上写字时铅笔或钢笔发出的声音。
- 东西掉在地板上会发出声音，提醒你有什么掉了，这一点还挺方便。
- 皮肤被抓挠时发出的声音。
- 保龄球馆里保龄球滚向球瓶的声音。
- 水龙头出水的声音。

祖赫拉经常要问这些新的声音是什么，听觉上的新发现依然令她开心。因为她不能在洗澡的时候佩戴体外机，我问她有没有听到过水流进下水道的声音。她说没有，于是我们两次在我办公室的水槽里注满水再放掉，听水流走的声音。祖赫拉觉得很有趣，我则心情激动——我向她介绍了一种新的声音！

祖赫拉还迷上了回声，在大房间里和在铺着瓷砖的小浴室里说话，她的声音听起来是不一样的。她最近注意到，她母亲感冒的时候，打电话的声音听起来也不一样，而且刚睡醒的人说话声会有点奇怪。她非常惊讶地发现，听到远处的人的声音是很难的。在这一点上，视觉的情况可能不太一样。如果一个人视力正常或矫正后视力正常，远处的物体看起来并不模糊，只是比较小。与之不同的是，远处的声音是不清晰的。

然而，最大的惊喜是，祖赫拉发现自己可以听出一个人声音中的情绪。她能听到愤怒、悲伤和欢笑，最重要的是，感觉到这些的同时，她自己产生了强烈的反应。听到有人哭泣的时候，她会立刻心生同情，但通常自己并不想哭。而听到笑声的时候，她自己也想跟着笑。在能够看到笑容但听不到笑声的时候，她从未有过这种感觉。她没想到声音会对她的心情产生如此大的影响，没想到话语的节奏和动态可以传达如此多的意义、信息和情感。

就在祖赫拉说出这些的时候，我办公室外面的走廊里有几个学生在聊天。祖赫拉并不知道她们具体说了什么，但她喜欢她们的声音，喜欢语音所承载的情绪起伏。这让她感觉自己与他人联系更紧密、更有爱。她提醒我，婴儿即使听不懂温柔的话语，也能从中得到安抚。对她来说，人声通常也有安抚作用。当她听不见的时候，一定感到非常孤独。

现在，祖赫拉已经能听懂别人说话，而且她自己也说得很好，我问过她是否会通过自言自语来思考。她说不会。她也不会看着写下来的单词，然后在脑海中听到它。虽然她可以想象汽车马达之类的环境音，但单词的发音更加短促。不过"停"这个字是个例外。在接受植入之后，有一次她险些被车撞到，多亏她的母亲大喊了一声"停！"。于是祖赫拉现在能在脑海中听到"停"这个字。

祖赫拉无法向我解释她的思绪。例如，当她想起我的某堂课时，她会回忆起那堂课的意义，但不会想到我的某句话。在《看见声音》中，你提到了"内在言语"，并且引用维果茨基的话将它描述为"无言的言语"，也就是纯粹意义上的"思"和"想"。这正好契合了祖赫拉的说法。我还想起了我朋友的女儿K，她在十几岁时因视网膜色素变性而失明。K 喜欢读盲文，还曾教给我一些盲文字母。我问她，以 A 为例，触摸到这个盲文字母的时候，她想到了什么。她能在脑海中看到 A 的形状吗？她会去想象摸到 A 的感觉吗？ K 无法解释她的知觉。

对所有这些故事，奥利弗是这样回应的：

令我入迷的是，你详细列出了让你那位植入人工耳蜗的学生感到惊奇的声音——还有你所描述的她的经历，从感到恐惧、难以理解和全然陌生，到进入意义丰富（有时美妙）的有声世界的整个过程——我强烈认为你们（两位）应该把这些写出来——写成一篇文章，甚至一本小书——这是令人惊叹的素材。关于（成人）感知之源、从只能听到杂音到能够解读信号的磨炼过程，（值得阅读的）东西并不多。

在奥利弗的鼓励下，我写出了祖赫拉的经历，并收录进了我的第二本书中，这本书还记述了一个名叫利亚姆的年轻人的故事，他十五岁才开启视觉。正如奥利弗经常在数年的时间里与他观察的病人沟通、会面，我也多花了十一年来了解祖赫拉、利亚姆和他们的家人，然后才出版了《唤醒感官：学会看的男孩，学会听的女孩，以及我们如何发现世界》。

铱　诞

亲爱的奥利弗：

　　这只宠物乌贼申请加入在你家客厅沙发上开办的头足动物展会。我本想在信中聊聊你那本精彩的新书，但乌贼坚持要我只写它自己和你的生日。它是一只非常狡猾的乌贼，只有确定你没在看它的时候，才会改变身上的颜色和图案。你必须非常聪明才能发现端倪。

　　生日快乐，奥利弗！

2010 年 7 月 9 日

　　的确如此——奥利弗在回信道谢时提到，那个乌贼填充玩具真的会改变颜色、皮肤图案和花纹，但仅限于他没看它的时候。

读《看得见的盲人》有感

大约就是这段时间，在 2010 年 6 月 21 日，凯特寄来一本《看得见的盲人》的书稿请我校阅。当然，书稿里都是完整的句子，不像奥利弗的信，用点点线线括住不同的想法。不过，在校阅的过程中，我时常发现有逗号出现在不必要的地方。当我指出这些问题时，凯特告诉我，奥利弗坚持使用这些逗号，好提醒读者略作停顿；逗号给出了想法的界限。

在阅读过程中，最后一章尤其打动我，这一章讲的是盲人的视觉想象力，有的盲人几乎没有这种能力，有的盲人则能想象生动丰满的形象。在视觉正常的人中间，这种巨大的差异同样存在，因此我在 2010 年夏天的信中同奥利弗聊了聊我们自己的视觉想象力——或者说我们所欠缺的视觉想象力。例如，想象元素周期表的时候，我的脑海中会浮现标准化学教科书中的行列表，如果集中注意力，我还能在想象出来的方格中填写前三十种元素的缩写。做心算的时候，我的脑海中则会出现写在黑板上的数字。但奥利弗不会想到这类画面，他在给我的信中写道："说到元素周期表，我想我能看到同族、同周期，以及所在周期长度（2、8、8、18、32，等等，与核外电子分布有关）相同的元素逻辑图……至于心算，我曾经算得非常快，但我不会想到黑板，也没有太多的'内在言语'。"我们是在以不同的方式解决问题吗？还是说这背后的机制是相同的，被意识到的时候又以不同的面目出现？

《看得见的盲人》的第 2 章"重获新生"让我想到了亲友对病人的康复是多么重要。奥利弗的病人帕特患有失语症，却找到了一种不需要借助语言的沟通方式。然而，要不是有爱她的女儿们陪伴她、鼓励她、"倾听"她，帕特是不可能获得这种突破的。我在某天早上读了这一章，接下来一整天都在思考，尤其在想如此关心和爱护她的女儿们。当时我正在照顾父亲，我觉得自己并非真的一直尽心尽力。于是，2010 年 7 月 19 日那天晚上，我坐下来写了一篇关于照顾我父亲的文章。

父　亲

2006 年 7 月 14 日早晨，在八十四岁生日过去两天后，我的父亲在醒来时感觉到了深深的忧郁。几年前，他搬到了我家附近的一个养老村，在那个早晨来临前，他似乎过得还算满意，也挺积极的。我母亲去世带给他的强烈悲痛已经过去，他结交了新的朋友，经常开车去木材店和艺术用品店，在那里购买材料，回来搭建大型画布，然后绘画。

我的父亲情感丰富、极为敏感，这并不奇怪。他是一位艺术家，一直活得轰轰烈烈，他急躁易怒，富有创造力，对小提琴充满热情。相比某些朋友家中更加保守和传统的父亲，我觉得我的父亲要有意思得多。但现在，父亲似乎完全失去了自信。要他起床只能连哄带劝，而且他变得越发孤僻，只愿意和包括我在内的少数几个人说话。他会在一天之内给我打好几次电话，不是抱怨这儿疼，就是抱怨那儿疼。我带他去医院诊治，但普通医生帮不上忙，而精神科医生招他讨厌。我心力交瘁，又愤怒又无助，还有一种不被领情的感觉。我的母亲在生命的最后几年病痛缠身，但我总能让她快乐起来，或者说她让我相信我能让她快乐起来，而我的父亲却不会对我报以微笑。

我不停地跟丹念叨"父亲在摧毁我的生活"。他试着帮助我，提出了很实在的建议，还在每周五下午带我父亲出去散心。但我还是郁郁寡欢，于是做过康复医生的丹决定把我当成有慢性疼痛的患者来治疗。父亲的情况没有好转，所以我最好学会接受和应对。每当我想要抱怨父亲时，丹就会转移话题。我曾为此感到愤怒，不理解他怎么会如此麻木不仁。但渐渐地，我看到了他解决问题的智慧。我的生活总体上是丰富而美好的，他在试图让我恢复状态，更平衡地看待一切。

后来，两年前的一个冬日清晨，我接到了当地医院急诊室打来的电话。那天早上，我父亲叫了救护车，说自己肚子疼。医生仔细检查了他的身体，除了轻微的便秘之外，没有发现任何问题。我赶到医院去接父亲，发现他穿着破旧的睡衣坐在急诊室里，细软、稀疏的头发乱七八糟。他没穿鞋子，没带钱包，也没戴眼镜。我把他弄进车里，开车驶离医院，然后才发火。到了他房间门口，我又发现他没带钥匙，于是给养老院的办公室打了电话。一位工作人员拿着钥匙赶来，小心翼翼地护送我父亲进屋。"他可以自己走的。"我出口抱怨道，却又为自己的刻薄感到悲哀。再三确认父亲已经安顿好之后，我便急着要回自己家。"今天是你生日吧？"父亲问。我告诉他明天才是，而他说："那我祝你生日快乐。"

两周后，在我妹妹的生日前夕，正在工作的我收到了一封电子邮件，是养老村的护士长发来的。她写道："您的父亲今天早上拒绝起床，然后威胁要自杀。"我知道父亲并不是真要自杀，他很容易情绪爆发，干出一些夸张的事，但这种举动是在求助，而我不具备相关的技能和经验，不知道怎么缓解父亲的痛苦。护士长建议我聘请一位名叫乔安妮的女士担任"老年病患顾问"。结果证明，乔安妮非常能干，知识丰富，而且积极主动。有了她的帮助，我从护理者的身份中解放了出来，又做回了父亲的女儿。

尽管服用了多种药物，父亲仍然情绪低落。不过他的怒气已经消散，我也不再发火了。我开始期待与父亲见面。我总是带着奶昔（他体重只有115磅）和计划表来。有时，我会带一本艺术图书，这样我们就可以一起翻看那些光鲜的图片。其他时候，我则会带拼片很大的拼图给他。看着父亲费力地了解拼图的形状，用颤抖的手摆弄它们，我不禁思考：一个人可以为父母悲伤多少次呢？想到自己过分忙碌、无法亲自来看他的日子，我非常自责。不过，情况还不算太糟。我们经常紧挨着坐在他的沙发上，一边听巴赫的小提琴组曲，一边伴着乐声读书。父亲抬起手来指挥，仿佛凭空画出了音符。这样的时刻充满温情，柔和典雅。道别的时候我亲吻了父亲，对他说："我非常爱你。"

他回应道："我也非常爱你。"我们是如此平和安宁。

我把这篇回忆性文章寄给了奥利弗，因为这是受他的书启发而写的，他觉得非常感人。

时光中的一瞬

2010 年 11 月 9 日晚上，奥利弗举办了《看得见的盲人》的出版聚会，邀请了他在纽约的老朋友（有作家、神经科专家、与他密切合作的音乐治疗师、他的理疗师、钢琴老师，还有蕨类植物同好，等等）。凯特问我，作为他书写的真实人物之一，我是否愿意讲上几句，我同意了。

那天一大早，我坐火车来到曼哈顿，在格林威治村和特贝克地区逛了逛，同时自言自语地一遍遍背诵讲稿。聚会上，轮到我发言的时候，我凭着记忆说出了这些：

2002 年，我的视觉经历了巨大的变化。前半生我一直是对眼和立体盲，但在四十八岁那年，通过视光师的视觉治疗，我学会了协调双眼，看到了三维的世界。这个世界看起来更深邃、更广阔、更有质感、更细腻，我还能观察到事物之间的空隙。我欣喜若狂，却又纠结于该不该告诉别人。这是为什么呢？因为半个世纪以来，一直存在这样一种教条：立体视觉必须在童年早期的关键期形成，否则便再无机会。如果我把自己的故事告诉科学家和医生，这段于我而言格外深刻、快乐、充满启示的经历很可能会被判定为子虚乌有——我一定是个疯子、呆子，或者至少是个容易夸张的人。这让我非常担心。

就这样，我沉默了大约三年，但在 2004 年 12 月底的一个晚上，我感觉自己快要绷不住了，于是长舒一口气，给奥利弗写了一封很长的信。当时我并不真正了解奥利弗，也不知道他喜欢立体视觉，但我读过他的书。我想，也许文如其人，他会像倾听自己的病人一样倾听我的心声。后来，奥利弗真的读了我的信，还回信说要登门拜访。

这下该怎么办呢？奥利弗·萨克斯要来研究我了，所以我最好也研究一下奥利弗。我重读了他的书，试图看明白这个人，更急切的是，既然他要来做客，我就要搞清楚他喜欢什么，不喜欢什么。奥利弗来了以后，我带他去游泳，给他吃他最喜欢的食物，包括熟过头的棕色香蕉。

奥利弗是带着设备和工具来的，要测试我的立体视觉。我当时没有想到这一点，但奥利弗想知道的不仅仅是我的视觉怎么样，他还想观察一下我看到立体图像时的反应，以及在我感受身处更大世界中的自己时，这种视觉变化产生了怎样的影响。他善于探究，充满好奇，总是很温和，而且经常很风趣。他从不物化他人、颐指气使。这样的为人处世让他能够看到我和其他人经历的本质，阅读《看得见的盲人》和奥利弗的其他作品时，读者总能明显地感觉到这一点。

在过去的五年里，我们之间的关系已经从写作者和研究对象变成了朋友。奥利弗也是一位出色的老师和指导者。事实上，奥利弗，我把你当作我的钨舅舅，就像你是其他许多人的钨舅舅一样，这些人中也包括你从未谋面的忠实读者。

祝贺你又写了一本好书！期待你的下一部作品！

奥利弗将他最喜欢的一位舅舅昵称为"钨舅舅"。他是奥利弗的化学启蒙老师，也是因为这位舅舅，奥利弗将自己的童年回忆录取名为《钨舅舅：天才少年的科学启蒙之路》。演讲临近结束，当我直言奥利弗是我的钨舅舅时，我听到有人在感叹。话到尽头，我环顾四周，看到了奥利弗，他正睁大眼睛直直地盯着我。

尽管不多见，但在某些瞬间，个人宇宙中所有的星辰会并肩亮起。这样的瞬间就在那一刻来临。我大声说了"谢谢你"。

宠物石头

奥利弗去费城参加读书会的前一天，我在他的办公室里留下了一份特别的礼物——一块漂亮的"宠物石头"，还有它写的信。

亲爱的奥利弗：

自我介绍一下。我是蒙森片麻岩家的一员，这是一个自豪的家族，历史悠久、身份高贵、名震四方。我们最早出现于奥陶纪，原本是劳伦古陆（北美洲的前身）沿岸巨神海下的俯冲带形成的岛弧。在3.8亿年前开始的阿卡迪亚造山运动期间，经由一次剧烈的大陆碰撞，我们熔化并重新形成了现在这种美丽的条纹片麻岩。最近一段时间，我一直在夸宾水库的岸边晒太阳，直到几周前，"立体的苏"把我捡起来，放进了她的背包。她告诉我，她要带我去见你，你是格林威治村的一位医生，会把病患和其他人的经历写进书里，这让我很高兴。我对人类这个格外年轻的物种很有好感，因为他们以异常敏捷、轻盈的步伐在我们身上移动，还会为我们身上美丽的漩涡和洒脱的线条赞叹。

如果你把我当作门挡，我会留心每一个经过的人和蜘蛛。如果你把我当作镇纸，我会阅读我所镇守的东西。如果你把我和你最喜欢的金属放在同一个架子上，那么我会建立起友谊的纽带，因为我是由斜长岩、石英和黑云母组成的，含有钠、钙、铝、硅、氧、钾、铁和镁。

是的，我非常期待住进新家。事实上，我比狐尾松和加拉帕戈斯象龟更有耐心，几亿年来我一直期待着这一时刻的到来。

你开启新旅途的，

蒙森·B. 片麻岩

2010 年 11 月 9 日

回信是用黄色的横线纸打出来的。

亲爱的苏：

……

今天从费城回来，我发现你的朋友片麻岩先生给我写了一封令人欣喜的信——请一定代我谢谢他——然后又发现了片麻岩先生本尊，确实像信中说的那样，他长得挺漂亮。但他没有提到的是——也许他太谦虚了——他拥有<u>五角</u>的对称结构，而这在晶体学中是不可思议的，按说不该存在。方方正正的六角晶格可以存在，但五角的不行。因此，他具有超分子的对称结构，是一种"准晶体"——至少我是这么认为的，关于这方面的全面探讨（很多人都专心研究这个课题，包括晚年的莱纳斯·波林）超出了我的知识范围。①

……

请原谅我的字打得这么乱，纸张也是黄色的——但我还是想马上给你写信。

爱你的，

奥利弗

Love, Oliver

2010 年 11 月 11 日

---

① 想了解关于准晶体发现过程的有趣故事，请阅读保罗·J. 斯坦哈特所著的《第二种不可能》。

一个月后，在曼哈顿，我送给奥利弗一小块神秘矿石，让他猜猜是什么。奥利弗一开始显得很紧张，对着矿石仔细端详了一番后，他又放松下来，微笑着走到他的公寓入口，把矿石吸在了金属门上。我的神秘礼物正是磁铁矿石。

适应性实验

　　四个月后，也就是 2011 年 3 月 17 日，奥利弗在办公室绊倒，导致髋部骨折。于是，他又回到医院做了手术，但治疗几乎没有让他放慢工作。住院期间，他仔细记录了接受脊髓麻醉的感受，又为新书《幻觉》写了几百字，还配合了《滚石》杂志的采访。我从网上的一家怀旧玩具店淘了一些发条玩具送给他。奥利弗特别喜欢剑龙造型的那个，剑龙吃力、笨重的步态让他想起了自己。

　　非常感谢你温暖的来信，以及随信寄来的所有拼图和玩具——机械的也好，发声的也好。它们是我出院后最初几天的慰藉——我现在已经开始闷头写作了，在手术后有些令人沮丧的几周里，我不能游泳、不能去健身房、不能独自行走，写作就是我的支柱。
　　……
　　我的母亲在她七十八岁那年去世，我对自己也有某种迷信的担忧。但愿命运之神满足于让我承受髋部骨折之苦，不要再搞别的事了。

　　骨折的不止奥利弗一人。2011 年 11 月 22 日，我在走下泥泞的山坡时不慎滑倒，导致右臂桡骨骨折。我决定学习奥利弗，把断臂和康复的过程当作一次科学研究，我自己就是实验对象。
　　摔断胳膊的那一天，我买了一本小学生用的黑白封面的作文本，开始写我的断臂日志。受到伤痛影响的远不止我的桡骨。在骨折五天后，我写道："我感觉自己像一只受伤的动物。一如石膏在隐藏和保护我的手臂，我好像也在隐藏我自己。我感觉不一样了。我散发着不同于以往的气味。我身上发凉，还有些恶心。"

11/22/11

I am going
to learn to
write with
my left hand.
The quick
brown fox
jumped over
the lazy dogs.

2011 年 11 月 22 日

我要学着用左手写字。

棕狐狸跑得快，遇到懒狗跳过去。

我是个典型的右撇子，这下却不得不用生疏的左手写字，于是日志也呈现了我锻炼左手的进展。我发现写草体比写印刷字体容易。在解剖显微镜下观察我用左手写的字母时，我发现 S 这样的曲线实际上是由几条短线段组成的，我真想知道若要画出一条平滑的曲线，是否需要在时间上精确支配运动神经细胞和相关的肌肉纤维。

有一次我去护理院看望父亲，一位好心的理疗师送了我弹力鞋带，方便我系紧运动鞋。切胡萝卜也变得很困难，这不仅仅是因为我的左手控制不好刀具，还因为我的右手不能稳稳地抓住胡萝卜。但骨折十一天后，我写道："我觉得今天左手进步特别大。写字的速度更快了，左手拿梳子的感觉也更自然了。这种'自然'的感觉是怎么回事呢？"

一个月后，手臂上的石膏还没有拆，我便去看望了奥利弗，还带了我练习左手写字时用的笔记本。他饶有兴趣地研究了一番。我告诉他，我用左手画五角星时遇到了困难，于是他也试着用左手画五角星，但他一下子就画出来了。

几周后，我摆脱了石膏，又开始接受手部治疗，还在 2012 年 2 月 6 日给奥利弗的信中专门聊了这些。我过去的信几乎都是机打的，但这封信不是。

Feb. 6, 2012

Dear Oliver,

I am beginning this letter by writing with my left (non-dominant) hand. I've been writing with it since November 22 when I fell and broke the radius bone in my right arm. Although my left-handed penmanship is wobbly and child-like, I like writing this way. I am forced to write more slowly which also slows down my thoughts and relaxes me. Last week, I was in Madrid for the presentation of the Spanish

→

version of my book
(Ver en Estereo). It was a
good thing I mastered a
left-handed signature
because I signed a lot of
books, and I couldn't have
done that yet with my
right hand.

After I broke my arm,
it was casted for six weeks,
and, during that time, the
radius bone mended
itself. But it didn't heal
quite right. The radius
bone and the wrist bones
above it are no longer
in perfect alignment.
The hand surgeon
recommended surgery, but

Dan thought otherwise.
The surgeon agreed
that I could try rehab
first and elect surgery
later if the therapy wasn't
helpful.

I really enjoy my
twice-a-week hand therapy
sessions. Sometimes, my
forearm and hand are
plunged into hot wax
and then baked between
hot towels to loosen up
the scar tissue. Ah-that
feels good! This is
followed by massage
and exercises.

(My hand therapist
insists that I use my

right hand for writing
as much as possible so
I'll switch now to
writing with my right
hand.)

I find working with
physical therapists, occupational
therapists, and vision therapists
to be a bit unnerving because
they can see right through me.
I can't hide. When the hand
therapist first asked me to bend
my wrist in various directions, it
was as if she asked me to bend
my knee the wrong way. It
took great effort and involved
not just my arm but my
whole body and physiology, and
the therapist noticed this right

away. During the first session, when I was grinding away at a supination - pronation exercise, the therapist told me to stop. "Why?" I asked because I hadn't completed the requisite number of repetitions.

"Because you've stopped breathing, your left eyelid is drooping, and the nystagmus in your eyes has really increased."

I was aware of the nystagmus because my view had become jittery. This nystagmus called "fixation nystagmus" or "manifest latent nystagmus" is present in people with infantile esotropia but is usually quite damped. I notice it from time to time, but it is rare for anyone else to see it, or comment on it.

It did not surprise me though that the therapy exercises produced such whole-body effects. When I did challenging fusion exercises in vision therapy, I would sometimes feel queasy, break out in a sweat, and develop a tremor in my hands. If these reactions were strong, I'd back off, but if these effects were mild, I'd push through them. I took them as a sign that I was putting my eyes in new positions relative to each other and learning new spatial interpretations.

Anyway, I've been practicing

my wrist exercises and just saw
the hand surgeon. He agreed that
the therapy is working. I may
never recover full range of motion
in the wrist, but I'll be able
to do everything I'd like to do
with it. Just a few days ago,
I began playing the piano again.
My fingers and wrist felt
stiff, but with practice, I was
able to play, with both hands,
Bach's Two Part Invention #10.
I played it under tempo
but fluidly. That was a real
'shot in the arm'!

I hope you, your new
book, Kate, and Hailey are
all happy and well.

Love,
Stereo Sue

亲爱的奥利弗：

　　一开始，我是用左手（非惯用手）写这封信的。自从 11 月 22 日摔伤右臂桡骨，我就一直在用左手写字。虽然左手的字迹歪歪扭扭，像小孩子写的，但我喜欢这种书写方式：我不得不写得慢一些，这也让我放慢了思绪，放松了心情。上周，我在马德里参加西班牙文版《斜视康复之路》的新书发布会。还好我掌握了用左手签名的方法，因为我要给很多书签名，而我的右手还没有恢复这种功能。

　　骨折之后，我的手臂打了六周石膏，在此期间，桡骨自行愈合了。但这次愈合出了点问题：我的桡骨和上方腕骨没有完全对齐。手部外科医生建议手术纠正，但（做过康复医生的）丹有不同观点。最后，外科医生同意我先尝试康复治疗，如果治疗没有帮助，再选择手术。

　　我非常享受每周两次的手部治疗。有时，我的前臂和手会浸入热蜡，然后在热毛巾间烘烤，以松弛疤痕组织。啊——那感觉真好！后续还有按摩和锻炼。

　　（我的手部治疗师坚持让我尽量用右手写字，所以我现在要改用右手写信了。）

　　配合理疗师、职业治疗师或视觉治疗师，让我感觉有点紧张，因为他们能看穿我。我无处遁形。第一次听到治疗师让我向各个方向弯曲手腕，我感觉她就像在要求我用错误的方式屈膝一样。这非常费劲，不仅要用上我的手臂，还要牵涉全身，调动生理机能，治疗师马上就注意到了我的状态。第一次治疗中，正在努力做双向翻转训练的我被治疗师打断。我问为什么，因为我还没有完成规定的重复次数。

　　"因为你屏住了呼吸，左眼睑下垂，而且你的眼球震颤 ① 明显加剧了。"

---

① 眼球震颤是眼球一种不自主的来回运动，患有婴幼儿型内斜视或出生六个月内已患上对眼的人可能会出现眼球震颤。

我意识到了眼球震颤的问题，因为我的视线抖动了。这种眼球震颤被称为"凝视性眼球震颤"或"显隐性眼球震颤"，会出现在患有婴幼儿内斜视的人身上，但通常比较轻微。我会时不时注意到这种现象，但其他人很少看到或提到这些。

不过，手部康复训练对全身造成了这样的影响，我倒没觉得意外。过去在视觉治疗中，当我挑战有难度的融合练习时，经常会感到恶心，身上出很多汗，手也会颤抖起来。如果这些反应很强烈，我就会退缩，但如果影响比较轻微，我就挺过去。我把这些看作一种迹象，表明双眼正在新的位置互相配合，我在学习以新的方式看待空间。

总之，我一直在锻炼手部，刚刚找过那位外科医生复诊。他认同治疗是有效果的。我的手腕可能永远无法恢复在全部范围内活动的能力，但我可以用它做任何我想做的事情。就在几天前，我又开始弹钢琴了。我的手指和手腕感觉很僵硬，但经过练习，我能够用双手弹奏巴赫的《二部创意曲》第十首了。我弹得不快，但很流畅。这真是给我的胳膊打了一剂强力信心针！

希望你、你的新书、凯特和海莉都幸福安康。

爱你的，
立体的苏
2012 年 2 月 6 日

我的信再次引发了关于康复的讨论，这个话题始于三年前，那时奥利弗刚接受完膝关节置换手术。而对奥利弗来说，他在《单腿站立》中讲述的 1974 年那次膝盖手术所引发的思考得到了延续。

OLIVER SACKS, M.D.
2 HORATIO ST. #3G · NEW YORK, NY · 10014
TEL: 212.633.8373 · FAX: 212.633.8928
MAIL@OLIVERSACKS.COM

奥利弗·萨克斯　医学博士

纽约州纽约市霍雷肖街2#3G　邮编：10014

电话：2126338373　传真：2126338928

MAIL@OLIVERSACKS.COM

亲爱的苏：

　　我要说一声迟来的"谢谢"，感谢你6号那天用左手写的信，它很棒。第一次用非惯用手写字就能写得这么好，我觉得非常了不起。不过，听起来常规的双手活动（弹钢琴、使用电脑）你仍然能流畅地完成。2003年，我也曾不得不多用左手（因为刚做完右侧肩部手术），我的打字"一指禅"施展起来还挺快，尽管手写字迹"歪歪扭扭，像小孩子写的"（用你的话说）。你的手臂现在怎么样了？还需要吊起来吗？如果不用了，你有没有发现自己能够"放下"或"忽略"整个手臂（和肩膀）的不适，尽管骨折出现在桡骨顶端？

　　我认为，有点错位要不要紧，这是很难判断的。你的做法应该是明智的——先另做尝试，观察观察，而不是急着去做兴许不必要的手术。

　　我最感兴趣的是，你在被要求这样或那样弯曲手腕时遇到的特殊困难（以及不受意志支配的和其他的不适）——经历过固定的手腕弯起来是不是很痛？还是从更广的视角看，这动作（日渐）显得难以想象或无法做到（仅此而已）？（我想到了自己经历过的术后腿部问题。）有些困难是大脑对周围损伤或失调做出的反应（卢里亚所说的"脑之共鸣"）。也许你应该在《二部创意曲》中加入琶音。

……

奥利弗

2012 年 2 月 24 日

亲爱的奥利弗：

在上一封信中，你问了一个我一直在认真思考的问题。你想知道我在桡骨骨折后第一次弯曲手腕时遇到的困难是疼痛造成的，还是大脑更深层次的抑制造成的。弯曲手腕是否让我感觉不可能做到或者难以想象？

在弯曲手腕的时候，我产生了不受意志支配的强烈反应。尽管手部治疗师事先对我的手臂进行了加热、拉伸和按摩，我还是在第一次尝试锻炼时感到恶心和头晕。我努力坚持着，她则仔细观察我的状态，提醒我注意呼吸。她告诉我，有时这种锻炼会让病人晕过去，但眼看我面露惊诧，她又补充说，在她的治疗室里，已经有五年没有病人晕倒了。

我发现身体的姿势也会影响锻炼的难度。比如，当双臂垂在身体两侧的时候，我的右手腕可以轻松地练习双向翻转。右臂肘部弯曲时做同样的动作就会比较困难，要是弯曲手臂的同时再握紧拳头，锻炼难度就更大了。因此，在家里，我先用比较方便的姿势锻炼，再换成比较难的姿势，循序渐进。治疗师鼓励我（实质上允许我）将这些动作融入日常。我发现最好的日常练习都离不开水。我会在游泳时活动手腕，或者在清洗碗碟、拧干衣服时很自然地转动手腕。就在这周，四个月以来我第一次用右手转动钥匙，给汽车打了火。

在腕部伸展方面，我决定跟原始反射学上一招。我一边练习手腕伸展，一边摆出非对称性紧张性颈反射的姿势——向右伸展右臂，转动头部注视右手，并且弯曲左侧肢体。在这种情况下，我感觉右手腕伸展的阻力更小。（在左侧尝试同样的练习时，我并没有发现反射的动作对左手腕伸展有帮助，但话又说回来，我的左手腕本来就没有伸展上的问题。）

多亏了手部治疗，我在不久前失去的、我想象中有可能恢复的功能都回来了。不过有一点，我没有失去与手臂和手腕相连的感觉。因此，和你治疗腿部的情况不一样，我可以想象活动手腕的感觉。我并不认为自己的手腕动不了了，我只是害怕去动，因为可能会导致疼痛或损伤。

我也遇到过一次不寻常的情况。三周后，我的第一块石膏被拆除，手臂接受了简单的检查，然后又打上了新的石膏。第一块石膏拆下来的时候，我一下慌了神。我无法确定自己的手臂在空间中的位置，也不知道如何移动它了。负责打石膏和拆石膏的人似乎很熟悉我的这种反应，他立即建议我用左臂来支撑右臂。

在视觉治疗中，我必须找到新的用眼方式，在那个情境下，我有时确实感到摆在面前的任务无法完成、难以想象。第一次感觉到自己凝视着聚散球练习中不同距离的珠子，双眼协调转动时，我的治疗有了突破性的进展。那一刻距离现在已经过去十年，但如今回想起来依然清晰生动、历历在目。就是在那次聚散球练习之后，我出门上车，看到方向盘在面前浮起。你在《单腿站立》中写道，行动是所有治疗的关键。对我来说，这句话非常正确。如果不在行动上做出改变，我就不会体验到任何知觉上的变化。

我从一位同样患有内斜视的英国年轻人那里听到过一个有趣的故事。他是一边上学一边接受视觉治疗的，当时还要准备重要的考试。在视光师那里钻研偏振立体图时①，他已经发展出了看到立体深度的能力，但面对外面的真实世界，他却看不到任何立体深度。他感觉到了他在抑制自己，他内心的某个部分不愿意让他看到立体景象，因为这会分散他的注意力，让他迷失方向，而且可能会影响他的考试成绩。学期结束后，他回到了儿时生活的农场，在田间悠闲散步的时候，三维世界出现了。

另一位斜视患者告诉我，在接受视觉治疗的时候，他找到了"自行开启立体视觉"的方法。他会通过某些行为来触发自己的立体视觉。他们的故事让我想到，开启立体视觉就像你通过门德尔松再次学会行走一样，可能需要大脑切换状态。②这种新状态和你当前所处的状态大不相同，因而仿佛是不可能拥有的、难以想象的。关键是要找到切换的方法，然后记住以新方式行动的感觉。聚散球之于我，可能就像门德尔松的音乐之于你——唤醒并组织起休眠中的回路，看似难以想象的动作就这样自然而然地完成了。

爱你的，
立体的苏

Love,
Stereo Sue

2012 年 3 月 17 日

---

① 佩戴偏光镜观看偏光立体图的时候，两只眼睛看到的图像略有不同，两者在大脑中融合，我们就会看到空间中的单一图像。与之类似，佩戴偏光镜观看 3D 电影的时候，我们也会体验到 3D 效果。

② 在《单腿站立》中，奥利弗讲述了他腿部受伤后不得不重新学习走路的经历。当门德尔松的《e 小调小提琴协奏曲》在他脑海中响起时，他重新找回了行走的节奏和协调性。

2012 年 3 月 20 日，这次通信后不久，我在曼哈顿拜访了奥利弗。站在厨房里等茶水烧开的时候，奥利弗告诉我应该写写康复方面的文章。他觉得自己虽然在《单腿站立》中写了腿伤康复的经历，但对康复过程的关注还不够。他坚持说："现在《斜视康复之路》已经完成，是时候写点别的了。"奥利弗认为，已有的成绩不是一个人止步的理由。

与音乐有关的插曲III

2013年，除了为奥利弗的八十岁生日送上诚挚的祝福之外，我几乎没有给他写过信。然而，在这一年即将结束时，我寄出了一封信息量很大的长信，开头是这样的：

亲爱的奥利弗：

写这封信就是要祝你新年快乐、身体健康、写作顺利！我刚刚结束了这学期繁忙的教学工作，这样的日子里总会发生新故事。自从你在2007年出版了《脑袋里装了2000出歌剧的人》，我就要求修习"艺术、音乐和大脑"课程的学生阅读你的书，并且每两天记录一次她们在想象中听到的所有音乐。以前，学生们会交出列着一长串歌曲的清单，还会惊讶于音乐在自己的脑海中竟这样多次、高频地响起。我们会试着分析这些歌曲为什么会出现，大脑中哪个部位发生了什么，并从中收获乐趣。

但今年的情况有所不同——

学生们交上来的音乐清单短得可怜，她们很不好意思地承认自己很少在脑海中听到音乐。她们就是没有时间去想象音乐，因为大家总是在使用iPod或者智能手机，就连入睡前也不例外。她们的心思很少能无拘无束地漫游，而不受外来音乐或其他事物的干扰。就算是和一年前相比，这种变化也很明显。

只有一名学生逆潮流而行，尽管她脑海中也没有响起多少音乐。这位学生在中国长大，从小接受禅宗冥想的熏陶。她不用 iPod 和智能手机，所以在没有其他事情的时候，她能完全静下心来。下课后她告诉我，她希望自己能想象到更多的音乐，而我告诉她，我希望自己也能静下心来。

　　大多数时候我步行上下班，来回有 4 英里，我经常在路上听 iPod。但是，和学生们交谈之后，我把 iPod 收了起来，开始尝试一位管弦乐队指挥曾经给我描述过的练习方法。当时我问他如何同时掌控那么多乐器，他告诉我，不太忙的时候，他会在纽约街头漫步，聆听他能同时听到的所有声音。于是我现在也做起了同样的事，只不过是在更有乡村气息的我家附近。

2013 年 12 月 29 日

　　（其实是 26 日，但我把这封信的日期定为 29 日，因为我第一次给你寄信就是在 2004 年 12 月 29 日）。

OLIVER SACKS, M.D.
2 HORATIO ST. #3G · NEW YORK, NY · 10014
TEL: 212.633.8373 · FAX: 212.633.8928
MAIL@OLIVERSACKS.COM

奥利弗·萨克斯　医学博士

纽约州纽约市霍雷肖街 2#3G　邮编：10014

电话：2126338373　传真：2126338928

MAIL@OLIVERSACKS.COM

亲爱的苏:

感谢你 12 月 26/29 日那封精彩的信——你来信虽然不多,内容却相当丰富,就像一场盛宴。真不敢相信,从你第一次给我寄信到现在已经过去九年了(我还联想到一个更残酷的现实:从我 2005 年 12 月被诊断出黑色素瘤到现在,已经八年了)。

……

我对你的观察很感兴趣(也有些不安),在 2007 年,你的(大多数)学生还都体验过(自觉或不自觉的)音乐想象,但现在,因为持续使用 iPod 或智能手机,想象中的音乐不再出现,她们完全沉浸在电子设备播放的音乐(或语音、信息)中。事实上,这些年轻人内心无法清净,内在空间全部被占满,导致大脑的"默认网络"无法自由活动(想象或自省)。我非常清楚——在纽约这样的地方怎么可能不清楚?——这些设备引发了巨大的社会问题:使用者对周围的人文(和物理)环境实际上是失明和失聪的。但从你的描述看,这些"时刻在线"的人对自己的内心也同样是失聪和失明的,他们不仅与周围的人隔绝了,也与自己隔绝了。

学生们的报告也令我困扰。第二年,我让她们在两天时间内远离电子设备,去想象音乐。尽管学生们想念那些电子设备,作业一完成就马上又给自己"连线"了,但她们都觉得这项作业很新奇、很有趣。

在 2013 年年底的信中,我还提到了发生在我父亲身上的一件事,当时他住在附近的一家护理院,情绪低落,从不主动下床。

虽然父亲常常是一副疏离漠然、心不在焉的样子,但我最近也在和他的相处中经历了很美好的时刻,其中有音乐的功劳,这并不令人意外。我哥哥也来了，我们和父亲聊了好一会儿，他都没有多少反应。于是，我开始哼唱贝多芬《拉祖莫夫斯基四重奏》（op.59，No.1，F 大调）的开头。在我们兄弟姐妹从小到大的时光里，父亲会定期参加室内乐团演奏，几乎每天晚上都要伴着"缺一音乐"①的录音练琴。所以我和哥哥很熟悉这首曲子，那是刻在我们骨子里的旋律。哥哥也唱了起来，我们唱得（你一定会这样写）快活极了。音调越来越高，音量越来越大，我们的声音也越来越响亮。唱到最大声的时候，我俩忽然停了下来，一时拿不准下面的调了。我和哥哥都笑了，我父亲也笑了，不是不咸不淡地咯咯几声，而是不顾形象地流出了眼泪。我们让他开心起来了！我一直在回忆那一刻，为此高兴了一个多星期。

对这件事，奥利弗在 2014 年 1 月 11 日的信中回应道：

我立刻感觉到了悲伤和迷茫，随后便是深深的感动（有一种想要高呼"万岁"的心情），因为你笔下的父亲是如此疏离淡漠，但他在那一刻忽然重拾了自我，同你们一起欢笑，也许在那一瞬间，他也忘记了接下来的音调。

---

① 我父亲有许多世界级音乐家演奏四重奏和五重奏的"缺一音乐"录音，其中第一小提琴手是缺位的。我父亲会一边播放录音，一边演奏第一小提琴手的部分。

生　物　电

　　在 2013 年 12 月 29 日的信中，我还描述了一篇令我兴奋的文章，但它不是关于音乐，而是关于植物的——它们的感官、行为和防御，正是奥利弗特别喜欢的内容。

　　12 月 23 日那期《纽约客》上有一篇迈克尔·波伦的文章是关于植物的，你看了吗？[①] 他写得太棒了，我一定会推荐修生物学导论的学生都去读一读。波伦说，我们中的许多人认为植物活得很被动，是"我们这个世界上静默不动的摆设"，原因之一是（这让我想起了你的文章《速度》）植物生活在更加舒缓的时光里。我一直都知道植物可以借助自己的一小部分重生，而波伦指出，对自身部位会不断被吃掉的生物而言，这种特点是必要的。咖啡树花蜜中的咖啡因不仅可以充当化学防护武器，还可以帮助传粉的蜜蜂更好地记住这种植物！他详细介绍了植物是怎样通过地下菌根网络交流的（我太喜欢这个了！），又描述了植物在感觉方面的复杂能力（它们有 15～20 种不同的感觉），然后提出了一个问题：没有大脑的生物如何整合所有这些信息？正因为有这样的问题，有些科学家大谈植物智能，而另一些科学家则为此抓狂。他还讨论了含羞草这种一被碰触就收起叶子的敏感植物是如何习惯重复但无害的刺激

---

① 迈克尔·波伦：《聪明的植物》，2013 年 12 月 23 日发表于《纽约客》。

的。这并不值得大惊小怪，因为在此之前，人们已经观察过无神经生物的习惯化了。我要求我的学生阅读 H. S. 詹宁斯 1906 年的精彩著作《低等生物行为》的节选，詹宁斯在书中描述了单细胞喇叭虫的习惯化[1]。

显然，这个话题让奥利弗很受触动。他当时正在修改一篇文章，此文最终标题定为《植物和小虫等生物的精神生活》，后来发表在 2014 年 4 月 24 日的《纽约书评》上。在 2014 年 1 月 4 日的信中，他和我讨论了波伦的文章：

我觉得这篇文章非常好，写得不偏不倚（这个度不见得好把握），我已经把它和丹尼尔·查莫维茨的一部著作（《植物知道生命的答案》）放在一起了，我经常阅读这本书，十分欣赏。我也非常喜欢詹宁斯的书（1906 年），而且收藏了——至少我有（凯辛格版）重印本，尤其值得一提的是书中第 10 章，他描述了喇叭虫和钟形虫的习惯化和敏感化（这些是我学习生物那些年的美好回忆）。

你讲述的这些——这几天我一直在琢磨——让我有些进退两难了。如你所知，我有一篇文章（题目暂定为《无脊椎动物赞》）一直没能定稿，第一次动笔距离现在已经很久了（那是 2012 年夏天，当时我远在蓝山中心）。最初的文章打算将动物和植物进行对比（现在还是这个安排）——植物是有根的，它们的所有"装置"（这是达尔文的说法），包括捕蝇草[2]的"触发毛"、茅膏菜[3]的"触须"，还有根尖感觉重力的部位、

---

① 习惯化是一种简单的学习形式，涉及生物对重复刺激的反应。第一次受到刺激时，生物可能会做出强烈反应。如果结果证明这种刺激无害，那么再次受到刺激时生物的反应可能会减弱，或者对此已然习惯。詹宁斯用柔和的水流刺激池塘中的单细胞生物——喇叭虫，使这种微生物收缩。经历过一次喷射后，喇叭虫对刺激的反应就不那么强烈了。

② Dionaea，指捕蝇草属，捕蝇草是一种可以捕食昆虫的植物。

③ Drosera，指茅膏菜属，茅膏菜也是一种可以捕食昆虫的植物。

感光的部位等，必须经过精细编程（大型基因组）；相比之下，动物（通常）会动，在纷繁多变的世界里跑来跑去，拥有一定复杂程度的感觉和运动器官及神经系统（具有<u>突触</u>），可以进行多种形式的记忆和学习。我举了一串例子，从水母、蚯蚓、<u>海兔</u>、昆虫到头足动物，层级越来越复杂……但是，如若不牺牲原有的简单的动植物二分法，我该把那些会动的植物和微生物放在哪里呢？（当然，这篇文章本质上还是要探讨<u>关联和接续</u>的，我引用了达尔文写给阿萨·格雷的信中的一句话，他说茅膏菜"不仅是一种奇妙的植物，也是一种最聪明的动物"。）

对喇叭虫之类的生物，我可以在脚注里不费力地解释一番，但植物呢？我得想个办法出来。

捕蝇草和茅膏菜会诱捕和消化昆虫，而喇叭虫在反复受到相同的刺激后会改变自己的行为或形成习惯。那么，植物（捕蝇草或茅膏菜）和单细胞原生生物（喇叭虫）为什么会有和动物如此相似的行为呢？植物和原生生物都没有我们动物这样的神经系统。不过，神经系统并不是凭空出现的，能让信号在细胞之间顺利传递的机制是经过选择的。开启、关闭或发送信号的一个好办法就是借助离子通道。我们可以把离子通道想象成细胞膜上的一条隧道，它可以打开和关闭，打开的时候特定的离子（比如钙离子、钠离子、钾离子或氯离子）就可以穿过细胞膜。神经冲动或动作电位就是离子穿过这些通道的结果。植物和原生生物也有离子通道。我曾经研究过动物之外的生物的离子通道，于是我在下一封信中提出了兴许能帮奥利弗解决难题的一个视角。

亲爱的奥利弗：

读了你1月11日的来信之后，我找了一本《植物知道生命的答案》，读得非常投入。我这才知道植物也可以敏锐地察觉到触碰，还能释放出水杨酸甲酯这样的挥发性气体，向其他叶子发出危险逼近的信号。我之前也没怎么思考过植物和藻类的电信号传递，但查莫维茨的书让我想起，在曼荷莲的第一年，我曾经在实验室教导学生记录一种绿藻"轮藻"的动作电位。轮藻的细胞非常大，所以很容易进行微电极记录，尽管细胞壁有点难以穿透。钙离子流入，促使轮藻的动作电位进入去极化阶段，从而激活依赖钙离子的氯离子通道，导致大量氯离子外流。最让我印象深刻的不是这些动作电位背后不寻常的离子流，而是它们漫长的过程。轮藻的动作电位会持续很多秒，细胞一旦进入状态，一分多钟都无法产生另一个动作电位！

在自然界，轮藻细胞会在细胞膜变形时产生动作电位。钙离子流入会让细胞质流动中断，从而防止细胞质从有漏洞或穿孔的膜里漏出去。在含羞草中，钙离子和动作电位会让叶子折叠起来；在捕蝇草里，钙离子和动作电位会让叶片闭合；在草履虫身上，钙离子和动作电位会引发纤毛转向。也许，在真核生物身上，动作电位最初的功能并不是快速、远距离传递信号，而是提供一种机制，好将钙离子注入细胞的特定区域。然而接下来，钙离子引发了多种变化，甚至开启了原始形式的学习。

……

不过，高浓度的钙是有毒性的，所以细胞产生钙离子流和相关动作电位的频率会受到限制。因此，要想通过动作电位实现快速、多次的信号传递，为神经系统效力，生物还要等待只允许毒性较低的离子使用的通道形成。就这样，电压门控钠离子通道出现了，它可能是在钙离子通道基因的复制和突变中进化而来的。

与钙离子通道相比，钠离子通道在电信号传递方面还有一个很大的优势——它们可以自行关闭。钠离子通道打开后失活的速度非常快，神经细胞膜可以马上从动作电位中恢复过来，每秒几百次地产生新动作电位。这与我和学生观察轮藻时看到的缓慢动作电位完全不同。

轮藻、含羞草或捕蝇草的动作电位就像一种开关，可以表明是否有刺激出现并引起反应，但这种刺激-反应紧密联结的过程不能高速重复。

例如，捕蝇草的叶片一旦关闭，就需要很长时间才能再次打开。但是，如果细胞能以多种频率使用动作电位，就能借助频率、触发模式和锋电位的空间分布来编码更多的信息。而当能够应用多种频率的可兴奋细胞相互连接时，就能产生高度敏感和协调的感觉运动系统。

……

所有这些思考让我更加感激我们勤劳工作、自动失活的钠离子通道（还有钠钾泵！），我还想知道我们祖先的电压门控钠离子通道是否也能自动失活。我找到了一些关于钠离子通道进化的论文，果不其然，先祖们的钠离子通道可能也有激活门和失活门！事实上，最早的钠离子通道也许并没有出现在动物身上，而是出现在动物和领鞭毛虫的共同祖先身上。耐人寻味的是，这些单细胞原生生物还拥有许多其他分子机制，比如细胞黏附和钙结合蛋白，这些也为动物所用。

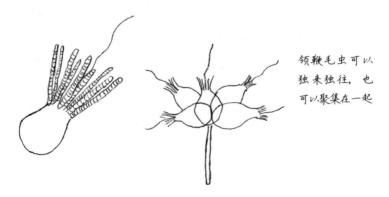

领鞭毛虫可以
独来独往，也
可以聚集在一起

这就是我阅读查莫维茨这本书的收获。

……

方方面面与你同在的，
立体的苏
Stereo Sue
2014 年 1 月 19 日

OLIVER SACKS, M.D.

2 HORATIO ST. #3G · NEW YORK, NY · 10014
TEL: 212.633.8373 · FAX: 212.633.8928
MAIL@OLIVERSACKS.COM

　　我刚从英国（一次非常愉快的旅行中）归来，就看到了你绝妙的来信。

　　这封信已经解答了我所有的疑问——包括一些还没问出来的问题——（我认为）提供了（离子通道等）切入点，我可以从这里一并探讨动物、植物和原生生物。我觉得谈到缓慢的（借助钙离子的）细胞信号传输如何（随着钠钾离子通道的发展）演变成快速传播（和可重复的）动作电位时，你的想法尤其令人兴奋。

　　……

Again, thanks a lot,
& love
Oliv

再次万分感谢！

爱你的，
奥利弗
2014 年 1 月 27 日

战争与和平

《夺食之战》是杰里米和朱莉安娜·皮克特-希普斯 1996 年的录影作品，拍的是池塘水中的微生物，我看了便知道奥利弗一定会喜欢。于是我把录影带寄给了他，并且在 2014 年 3 月 18 日的信中写道："你将看到你心爱的喇叭虫和其他纤毛虫，以及轮虫、美丽的苔藓虫和两只夜光虫（我们在伍兹霍尔看到的能发光的涡鞭藻）争夺一只可怜的轮虫（轮虫可能有一千个细胞那么大，但它比单细胞的夜光虫还小）。"

奥利弗在 2014 年 6 月 9 日回复了我。

亲爱的苏：

这封信我拖欠太久了。

收到《夺食之战》的当天，我就看了起来——这场微型战争（就像霍布斯口中"所有人对所有人的战争"）的手段之丰富（常常很暴力，有时则狡猾而隐忍），令我震撼。我曾（感性地）描绘埃迪卡拉生物群，仿佛它们生活在和平的伊甸园里，而寒武纪粗暴地终结了这个时期[1]——但在微观层面上，和平显然并不存在。

---

[1] 在埃迪卡拉纪（距今 6.35 亿年至 5.41 亿年），复杂的多细胞动物发展起来，但大多数都身体柔软、无法移动。它们可能是通过皮肤吸收营养、维持生命的，不会相互捕食。在寒武纪（5.41 亿年前至 4.854 亿年前），则出现了更多的捕食者。

我还给奥利弗寄去了令人惊叹的 DVD《微观世界》，里面有毛毛虫、蚂蚁、其他昆虫及木贼属植物（"马尾巴"，奥利弗最喜欢的植物之一）的镜头。我在信中写道："这部片子很有法式风情，留意一下两只蜗牛交配时的背景音乐吧。"奥利弗也非常爱看，他在回信中说："多么不可思议的画面——我真想了解一下蜣螂的'聪明才智'，看它们能否利用杠杆之类的机械原理让粪球越过障碍物——达尔文看了也会喜欢得不得了！"

有时我会想，奥利弗实在是太喜欢达尔文了，他甚至会试着透过达尔文的眼睛观察世界。而我又何尝不是呢？在 2014 年 6 月 24 日的下一封信中，我写道：

但在宏观世界，有一个更加平和的故事在我眼前展开。一对知更鸟在我书房窗外的冬青树丛中筑了一个巢，我看着它们一起努力做好准备，然后养育后代。有人说筑巢是一种本能，但这样讲未免过于简单了。正如你提到过的，动物要解决问题，而筑巢一定会带来一系列需要解决的问题。我家的知更鸟很聪明地把巢建在了房子旁边的冬青树丛中。如果本地的赤肩鵟尝试俯冲袭击这个鸟巢，它就会撞到上面的屋顶，而且巢和冬青树的周围都有茂密的植物。

知更鸟给雏鸟喂食的过程（它们还会把大便带离鸟巢！），还有它们时常守在附近的样子、频繁发出的警报声，都给我留下了深刻的印象，但真正让我感动的是知更鸟妈妈对鸟蛋的呵护。它的耐心守护让我回想起二十五年前的一个晚上，那时我的儿子安迪刚满一岁，而丹正在外地开会。那天深夜，安迪突然呼吸困难。我吓坏了，赶紧给儿科医生办公室打电话，值班医生立刻接了，并且解释说安迪得了格鲁布性喉头炎，又告诉我应该怎么应对。于是，我整晚坐在摇椅上没有合眼，在我们狭小的卧室（当时我们住在密歇根州）里抱着安迪，让他保持身体竖直，家里房门紧闭，加湿器开到最大。那是一个大汗淋漓的夜晚，但我记得最清楚的是一种感觉——一种全然平静、头脑清晰的感觉，非常罕见。我没有什么要争的。除了抱着我的孩子，倾听他的呼吸，我没有什么地方要去，也没有别的事情可做。

我们人类对自己的感觉爱恨交加。一方面，我们自欺欺人地认为自己是根据理性和逻辑做决定的。另一方面，我们又看重自身高尚的情感，比如爱和同理心。看着知更鸟在蛋上一坐几个小时，在暴雨中张开翅膀保护雏鸟，我真想知道，它会不会也在体验安迪第一次得格鲁布性喉头炎的那个晚上我所感受到的平静和专注。为什么不会呢？如果强烈的情感能让我成为更好的家长，知更鸟或其他任何必须付出巨大努力养育后代的动物怎么就不会由此得到帮助呢？

奥利弗在 2014 年 6 月 27 日回信说：

你对筑巢和养育子女（几乎是达尔文式的）描述令我着迷。在我看来（但这种想法总会被说成"多愁善感"或"人格化"），谢林顿称之为"圆满"的那种温馨、平和的感觉，其他动物也知晓，至少鸟类和哺乳动物也有同样的感受。

我的表兄罗伯特·约翰·奥曼——你在我八十岁生日时见过他——在耶路撒冷创办了一家<u>理性研究所</u>，但他理解 / 使用"理性"这个词的时候考虑到了<u>所有</u>的情感，包括高尚的和不那么高尚的。

奥利弗说我对知更鸟行为的描述"几乎是达尔文式的"。这样的称赞从奥利弗口中而出，真是再好不过了。不过，奥利弗信中的大部分内容是关于他的以色列之行的。

虽然我曾有过种种顾虑（并且一直不愿回去探亲——1955 年至1956 年间我曾在那里待过几个月），但这次以色列之行非常愉快，尤其是见到了我现年一百岁的表姐，她一直在行医，独立生活到九十八岁，现在她过得很享受，（去年）还写了一本自传。我还见到了许多其他表亲——最亲的表亲（都超过了九十岁）和他们（不计其数）的后代。我现在没有<u>直系</u>亲属了，这些表亲，以及我同他们的关系对我非常重要，被他们欢迎、拥抱的感觉真是太美好了。

在老城四处溜达是非常特别的体验，尤其是逛集市——那里混杂着各种人：穆斯林、形形色色的犹太人、基督徒、阿拉伯人、法拉沙人、摩门教传教士等——空气中弥漫着一种令人不适的紧张气氛。最后一天离开的时候，我还是很高兴的，而且接下来还要驱车穿过沙漠到达死海（自1955年以来已大大缩小），去参观有植物园的基布兹什么的。一切都太棒了，而且我还活得好好的——我的母亲心脏病发作，死在了以色列，而我总有种迷信，感觉自己会步她的后尘，这是我不愿意回以色列的众多原因之一（尽管很不理智）。

满怀爱意的奥利弗

All my love, Oliver

219

治疗性脑损伤

就在这段时间，一个令人惊奇的转折发生在我父亲身上，我在2014年4月2日写给凯特和奥利弗的电子邮件中提到了这件事：

昨天我经历了一件很奇特的事。因为感冒和出远门，我已经两周没和我父亲见面了。昨天我去看他，护士和工作人员告诉我，大约两周前，他摔了一跤，撞到了脑门。从那以后，他就像变了一个人似的，不再那么抑郁和孤僻，而是变得健谈了，胃口也很好。一位护士对我说："他真是个可爱的人。"

在我面前，父亲似乎依然郁郁寡欢，但说话声音响亮多了，他的眼睛不再向左歪斜，会用双眼好好看我了。我给他唱我们熟悉的歌时，他也会和我一起唱。我想知道这样的心情好转能持续多长时间。在过去的七年里，他曾经自己从抑郁中走出来过一次，那次大约持续了一个月。丹说这次摔伤是"治疗性脑损伤"，这说法听上去可真矛盾啊！

凯特一定是把这封电子邮件给奥利弗看了，因为他第二天就给我回了一封纸信。

你父亲经历的"治疗性脑损伤"很有意思。人们以前为 PD[①] 做的

---

① PD，即 Parkinson's Disease，是帕金森病的缩写。

所有手术（丘脑切开术等）可能都属于这一类，前脑叶白质切除术和 ECT^① 就更不用说了——不过，如你所说，患者的情绪和精力可能会发生惊人的自发变化，PD 患者尤其如此。至少，你能让他和你一起唱歌了。PD 中最疯狂的现象是"反常运动"^②（详见我在《睡人》第 10—11 页做的长脚注）。

---

① ECT，即 Electroconvulsive Therapy，是电休克疗法的缩写。
② 反常运动是指帕金森病引起的运动障碍突然暂时消失。某些触发因素会使患者突然行动起来，例如在平时几乎无法行走的情况下突然跑起来。

送别父亲

六个月后，我的父亲去世了。2014 年 10 月 29 日，我给罗莎莉、凯特和奥利弗发了一封电子邮件。

亲爱的罗莎莉、凯特和奥利弗：

我九十二岁的父亲周日因肺部积液进入弥留状态，但吗啡缓解了他的痛苦。昨天我陪伴了他六个小时。他于晚上九点去世。

（我听说）我哥哥丹尼尔出生时，父亲从医院回到家，用小提琴演奏了《丹尼男孩》。小时候，如果到了该睡觉的时候，我们姐妹依然吵吵闹闹，父亲就会带着小提琴走进我们的卧室，用乐声哄我们入眠。为了周末的弦乐四重奏，他每晚都会练习室内乐。音乐陪伴了我的童年。一个女孩还能更加幸运吗？①

爱你们的苏

---

① 我附上了父亲在 20 世纪 40 年代的自画像，在此作为文末彩页图 5。

OLIVER SACKS, M.D.

2 HORATIO ST. #3G · NEW YORK, NY · 10014
TEL: 212.633.8373 · FAX: 212.633.8928
MAIL@OLIVERSACKS.COM

Nov 7/14

Dear Sue.

I was "on the road" (Amsterdam, London, Los Angeles) for more than two weeks, and was away when your letters arrived.

All my condolences, first, on your father's passing — what a gifted, passionate man he was, if only judging from his self-portrait — I know how intensely devoted you were to him.

Oliver

OLIVER SACKS, M.D.
2 HORATIO ST. #3G · NEW YORK, NY · 10014
TEL: 212.633.8373 · FAX: 212.633.8928
MAIL@OLIVERSACKS.COM

奥利弗·萨克斯　医学博士

纽约州纽约市霍雷肖街 2#3G　邮编：10014

电话：2126338373　传真：2126338928

MAIL@OLIVERSACKS.COM

亲爱的苏：

　　这两个多星期我一直"在路上"（阿姆斯特丹、伦敦、洛杉矶），你的信寄到的时候我刚好不在。

　　首先我要对你父亲的去世表示深切的哀悼。仅从那张自画像就能看出，他是一个多么才华横溢、充满激情的人。我知道你是那样强烈地爱着他。

　　……

爱你的，

奥利弗

2014 年 11 月 7 日

一个月后，在 2014 年 12 月，我和家人一起去了阿鲁巴岛，这是我们计划已久的假期。我仍然非常想念父亲，我想起了小时候他写给我的信，进而想到要给奥利弗写一封信。

亲爱的奥利弗：

我十二岁那年，在康涅狄格州西部的一个夏令营里度过了一个月。我很喜欢那里，因为可以睡在林中小木屋里，在清澈凉爽的湖中游泳，每餐开始和结束时都会唱歌。午餐后照例要午休，我就趁这个时间给家里写信。父亲用他自己的方式给我回信——信中没有文字，只有图画。

现在，父亲去世了，我不再忙于照顾他，思绪可以自由徜徉了，父亲的图画信和其他记忆开始不断涌现。受这份特殊的记忆启发，我买了一个素描本，在上周带着它和家人一起去阿鲁巴度假。因此，我决定给你寄一封满是图画的信，讲讲我们这次旅行（信中的图画是从我的素描本上复印下来的）。

阿鲁巴（你大概也知道）大约形成于九千万年前，当时加勒比板块南缘俯冲到南美板块之下，迫使岩浆涌出。岛上有大量石英闪长岩，这种岩石要经历艰辛的一生，诞生时是岩浆，然后在地下变质，最后被挤到地面。我给你寄了两块样本，上面的晶体大小不一，希望你能用放大镜看一看。

在岛上的头两天，我和丹、安迪、珍妮，还有珍妮的丈夫大卫一起住在一家小旅店里，旅店对面是一条繁忙的马路，另一边是海滩和酒店密集区。我决定记录这段时光，画一画休闲时用的静物，例如——

这是丹的帽子：

这是沙滩椅：

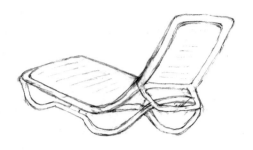

我花了两天时间才画出这把傻了吧唧的椅子。有三次，其他度假者路过，无意中移动了我的椅子模特，或是直接坐了上去！我把刚画好的草图给大卫看，他说这瞧着像是一把"埃舍尔椅"。这幅画透视上有些问题，虽然容易看出来，却不那么容易完善。我必须非常注意椅子不同部分和边缘之间的关系，这番体验让我更加体谅我的朋友L（十五岁才获得视觉），因为要通过了解各个部分观察整把椅子，L一定克服了很多困难。我最终对这幅画感到满意的时候，所有的边缘都画圆了，椅子看起来更随意了。

我们住的旅店周围种满了棕榈树和牧豆树，第二天晚上，我看到了一只黑、白、橙三色的美丽鸟儿。那是一只委内瑞拉拟黄鹂，正一边大声唱着三音符之歌，一边开心地咀嚼着牧豆树的花朵。然而，这棵树和大多数本地植物一样，浑身都是刺。

第三天，我们搬到了岛的北端，住进了一栋漂亮的房子，有环绕式露台和足够举办舞会的超大厨房。大卫的家人也加入进来，我们的总人数达到了八人。从我们的房子可以看到广阔的大海和沙漠，还有一座老灯塔，虽然已经不能使用，但依然美丽如画。

　　每天清晨，我都能看到许多鸟儿，有白额棕翅鸠、热带小嘲鸫，还有拟黄鹂，它们栖息在笔直的"亚图"仙人掌顶端，把这些高大的植物当作瞭望哨。

和牧豆树上的拟黄鹂一样，这些鸟儿似乎完全不在意植物的刺。是爪子上爬行动物似的皮肤为它们抵挡了锋利的尖刺，还是它们在其他方面对带刺植物有特别的适应能力？马萨诸塞州的鸟类也能这样吗？

　　岛上有很多椰子树，但是离开人类的照料难以存活。事实上，我们在国家公园里参观了一座废弃、老旧的椰子种植园，不过只看到一棵幸存的椰子树。即便如此，我还是捡到了一颗掉落在院子里的小椰子，画下了它在我手中的样子。

　　我还画了一株龙舌兰，它可能只有几岁大，因为它的中心部分不算太高。这些植物大约能活十到三十年，最后从中心伸出带花苞的高茎，在开花后死去。我觉得这一点很令人悲伤，因为这些植物永远无法接触自己的后代，也不能向它们传达爱意。

达尔文在《小猎犬号航海记》中提到了仙人掌属的植物——梨果仙人掌："我在这里发现了一种仙人掌，亨斯洛教授称它为'达尔文仙人掌'……这种植物的显著特点是，当我将一根木棍或指尖插入花朵时，雄蕊会有剧烈的反应。花被的各个部分也会朝着雌蕊闭合，但比雄蕊的反应要慢。"于是，我把手指插进许多梨果仙人掌的花里试了试，但它们都没有闭合。也许这座岛上的仙人掌并不是达尔文描述的品种，又或许它们的花和花药还没有完全成熟。

　　我们在国家公园里体验了这次旅行最美好的时光，那里有美丽的步行小径、壮观的岩石，还能看到海景。一天，我们把速度放到最慢，小心翼翼地行驶在一条泥泞的路上，并为这番窘境自嘲着，正在这时，我眼角的余光瞥到一株梨果仙人掌正在盛开——一片淡绿色的仙人掌海洋中，冒出了一朵明黄的花——我顿时感觉到了绽放心间的幸福。我想，当我们的感官最敏锐、感觉最鲜活的时候，这样的时刻就会降临。

　　2015年快乐，奥利弗，祝你在新的一年里也能经常感受到这种绽放心间的幸福。

爱你的，

苏

Love,
Sue

2014 年 12 月 30 日

爱与工作

OLIVER SACKS, M.D.
2 HORATIO ST. #3G · NEW YORK, NY · 10014
TEL: 212.633.8373 · FAX: 212.633.8928
MAIL@OLIVERSACKS.COM

奥利弗·萨克斯　医学博士

纽约州纽约市霍雷肖街 2#3G　邮编：10014

电话：2126338373　传真：2126338928

MAIL@OLIVERSACKS.COM

亲爱的苏：

　　我有一个悲伤的消息。上个月，我的眼部（葡萄膜）黑色素瘤被查出转移到了肝脏。这种情形并不多见，我很庆幸自己在"野兽"扩散之前度过了九年（多产的）美好时光。葡萄膜病灶转移不太容易治疗，不过有一些方法可以<u>延缓</u>扩散——延缓的时间有限，大致可以将"生存期"从 6～9 个月延长至 15～16 个月。如果这几个月<u>还</u>不错，我可以写作（我还有几本没写完或快要写完的书）、会朋友、旅行（稍微走走）、享受生活（甚至干点傻事什么的）——如果我可以"调整"，可以同我深爱的众多亲朋好好"告别",可以在突如其来的倒计时面前达成人生的某种"圆满"与平和,那么这个结果还是挺好的。我想到了休谟那篇精彩的自传(《我的一生》),那是他意识到自己即将病逝时,在一天之内写成的(1775 年)。

我真的很高兴自己在查出疾病扩散之前完成了自传,出版方也非常理解我,将出版时间从 9 月提前到了 5 月 1 日。我很快就会收到一些"预读本"(基本上是未经校阅的稿子,不含照片和索引等),我会随信附上一本,或是单独寄给你。

自我们相识以来,你已成为我重要(和喜爱)的朋友(和导师),我希望在未来几个月能(多多)见到你。

爱你的,

奥利弗

2015 年 2 月 5 日

这封信写于 2015 年 2 月 5 日,但直到 2 月 24 日才盖上邮戳。这一年的 1 月,清楚自己已病入膏肓的奥利弗决定给一众亲朋好友写信,并且同时寄出。他还向《纽约时报》提交了一篇文章,题目也是《我的一生》,文中谈到了自己的病情。奥利弗预计的发表时间是一到两周之后,但《纽约时报》希望马上刊出这篇文章。由于奥利弗不想让自己的朋友和家人通过报纸得知他已身患绝症,凯特在文章发表的前一天,也就是 2 月 18 日,群发了一封关于他诊断结果的电子邮件。因此,收到那封信的时候,我已经知道了奥利弗的病情。我陷入了深深的悲伤,这封信必须回复。但是,面对一个已知道自己时日无多的人,你该给他写些什么呢?奥利弗在《我的一生》中写道,他会继续工作,也会自得其乐，所以我努力写了这样一封信，确认自己知道了坏消息，但又不过分忧郁。我希望我的语气是恰当的。

亲爱的奥利弗：

我一直在思考图书、读者和作家，以及让一本书历久弥新的特质。拿起一本曾经喜欢的书，决定再读一遍的时候，我时常会发现它不再那样吸引我，但这样的情况从来无关你的作品。无论是第一遍读，还是后续重读，你的书在我眼中都是那么新鲜。例如，就在我们去阿鲁巴之前，我决定读一些关于旅行和岛屿的书，于是我重读了达尔文的《小猎犬号航海记》和你的《色盲岛》。我沉浸在你的作品中，这次阅读和之前一样愉快。

我认为这种新鲜感部分是由于你行文富于节奏和流畅感。你的文字就像可以反复阅读的诗、反复聆听的歌。当然，同一首歌一天听一百遍是肯定会腻的。但是，只要稍加节制，这首歌就能继续打动你，而且往往能带来一些新的体验。

《纽约时报》刊登了你的文章后，我哥哥给我发了一封充满关爱的电子邮件。他写道："你可能要再失去一位父亲了。但是不管怎么样，你还有一个半贤半能的哥哥可以依靠。"你曾像父亲一样为我取名，帮助我塑造了新的身份，给了我指导、鼓励、灵感和爱。

……

说点轻松的吧，我很享受这个寒冷的冬天。我最近读了罗伯特·哈森写的《地球的故事》（一本重读也会很好看的书）。他对早期地球的描述（火山爆发、剧烈爆炸、小行星撞击等）让我对近期的暴风雪和零度以下的气温有了客观的看法。在外面散步的时候，我喜欢路过被雪天"低通滤波"过的风景，所有的棱角都变得柔和了。如果阳光的角度恰到好处，雪晶就会闪烁明艳的色彩，还会随着观察角度或距离的变化而变化。

在刚刚过去的那个夏天，一头野熊啃坏了我们的鸟食盒，清理掉杆子上的小盒之后，我用吸盘在高处的窗户上固定了新的鸟食盒。大约过了三个星期，第一只鸟儿（一只家朱雀）才来觅食。起初，我觉得它相当英勇，但其他鸟儿一起跟过来、尝试接近鸟食盒的时候，却被它一顿猛啄，我对它的钦佩之情也只能打个折扣了。最后，一只灯草鹀立场坚定地反击了它，让这只小鸟学会了分享。

最令人感动的是一只雄性红衣凤头鸟，尽管顶着红艳艳的飞机头发型、看起来很滑稽，但它却相当谦卑和羞怯。伴侣靠近鸟食盒的时候，它就在一旁投去忠诚的目光，就像刚刚过去的夏天，当窝里四个笨拙的孩子第一次学习飞翔时，它也曾为它们忧心忡忡。我斜倚在客厅沙发上，用双筒望远镜观察着这一切，我的书房窗户和窗户上的鸟食盒一览无余——这无疑是最懒惰的观鸟方式。

丹送给我一个假期礼物，是个室内水培园，里面成功长出了许多新鲜的香草。在所有植物中，香菜长得最好，于是我开始了一项新的实验。和很多人不同，我很不喜欢香菜，感觉它的味道像肥皂，但当我询问爱吃香菜的人这种东西是什么味道时，他们却无法描述那种体验。我的这种厌恶可能来自遗传，但也许，我仍然有潜在的能力，可以欣赏香菜的特质。因此，每天早上，我都会吃点香菜，虽然还是谈不上美味，但这个味道不再令我反感了。总之没有什么损失。我还投喂了一只野兔，它就住在我家前院的连翘丛下。我每天都把蔬菜和香草放在外面给它吃，据我观察，它不喜欢吃清淡的食物（罗马生菜和黄瓜），而是偏爱味道浓郁的植物。事实上，它对香菜情有独钟。

满心爱意的，
立体的苏
Stereo Sue
2015 年 2 月 23 日

一个月以后，我又给奥利弗寄了一些素描。

march 30, 2015

Dear Oliver,
　　Last week, my family and I
visited the Dominican Republic, and
I drew for you 2 pictures, one of a
fern:

(xeroxed from my sketchbook)

and the other of a cycad leaf:

(xeroxed from my sketchbook)

The cycad was planted, but the
fern, an epiphyte, was wild and
growing on a palm. I hope these
would stir your paleo/mesozoic
soul.　　All love, Stereo Sue

亲爱的奥利弗：

上个星期我和家人一起去了多米尼加，我给你画了两幅画，一幅是蕨类植物（复印自我的素描本），另一幅是苏铁叶（复印自我的素描本）。

这株苏铁是人为我种的，但那株蕨类植物是野生的，属于附生的品种，长在一棵棕榈树上。希望这些能燃起你的古生物 / 中生代之魂。

致以全部的爱，

立体的苏

2015 年 3 月 30 日

2015 年 5 月 19 日，我去奥利弗居住的公寓看望他。他刚刚熬过了一次遭罪的治疗，暂时压制住了肝脏里的肿瘤。那会儿他气色很不错，写作也在紧锣密鼓地进行着。他的餐桌上摆满了图书、稿件和写满他字迹的黄色横线纸。除了其他主题，他还在写宇航员在太空飘浮时的感知，而且对丹的经历很感兴趣。

我给奥利弗带了两本书，想让他读个开心，还附了一张字条。和我的信件一样，字条也是机打的，用的是 18 磅的 Garamond 字体；尽管如此，在阅读的时候，奥利弗还是拿起了 CD 大小的大号放大镜。

亲爱的奥利弗：

我不喜欢空着手来看你，所以带了两本书。

一方面，这可能是个坏主意，因为——

1. 你可能已经读过这两本书，或者已经知道书中的大部分内容了。

2. 书上的字很小。

3. 你不想在写作时分心。

但另一方面，长远地看，你真的很适合阅读《地球的故事》。我很喜欢作者解释元素、分子和岩石起源的方式，喜欢看他描述我们脚下地慢中的剧烈运动。书中还讨论了一种迷人的可能：也许正是因为存在生命，地球上才会有多种多样的矿物。

作为一个隐花植物迷①，你可能会对第二本书的书名——《种子的胜利》心生疑虑，但在了解石炭纪森林的新奇景象、种子与人类文化之间的诸多联系，以及坚果和啮齿动物的牙齿如何共同进化（还有很多别的内容）的过程中，我真的非常享受！

奥利弗给我看了他正在读的书，那是一本关于巴甫洛夫的巨著。因为他喜欢躺下举着书看，所以把一些书切成了几部分，各自用燕尾夹夹住。

一起喝绿茶的时候，我告诉奥利弗，今年年底我就要从教师岗位上退休了，他看起来很震惊。奥利弗在书中曾引用过弗洛伊德的名言："爱和工作是人生中最重要的两件事。"写作是奥利弗的重要工作之一。在我们相识的十年里，尽管接连遭受健康方面的困扰，他还是写出了四本颇有分量的书。我们刚开始通信的时候，奥利弗用两根手指在 IBM 电动打字机上打字。打不动字了，他就用手写。在生命的最后几周，他还会口述信件。奥利弗从未停止过工作和写作。因此，我急忙补充说，我退休不是为了彻底休息，而是为了写更多的东西。的确，我永远忘不了奥利弗惊讶的样子，这也促使我写完了第二本书——《唤醒感官：学会看的男孩，学会听的女孩，以及我们如何发现世界》。

到了拥抱告别的时候，我张开双臂大步走到奥利弗身边，非常大声地说（因为奥利弗耳背）："我爱你。"我觉得他是知道的，但我想大声说出来，因为我不知道我们是否还能再见面。

---

① "隐花植物迷"是我自造的词。隐花植物，如蕨类植物，是通过孢子而不是种子繁殖的，这些正是奥利弗最喜欢的植物。蕨类植物爱好者就是隐花植物迷。

奥利弗·萨克斯　医学博士

纽约州纽约市霍雷肖街2#3G　邮编：10014

电话：2126338373　传真：2126338928

MAIL@OLIVERSACKS.COM

亲爱的苏：

　　你送的书我要看不过来了（太丰富了！）——每一本书都很好。我正在读《地球的故事》，我很喜欢看哈森将化学、地质学、岩石学、矿物学与生命结合在一起讲述，我们现在可以（开始）这样做了，但哪怕在二十年前，这还是不可思议的。

　　……

　　丹描述了他在太空中的感受（以及想法和感觉），我觉得非常有趣——如果他允许的话，我将把其中一些内容纳入我正在写的一篇关于（身处）太空的小文章中。

　　他现在一定在为即将到来的机器人节忙碌（表演、比赛、游戏什么的），并沉浸在5月28日刊行的那期《自然》杂志中（这让我想起了格雷·沃尔特的"乌龟"机器人，1948年我还是孩子时就见过这个），深思着过去二十年概念和技术的惊人进步。这是一个宏大的主题——与太空探索相辅相成。

爱你的，
奥利弗

love,

olly

2015 年 6 月 6 日

铅 诞

2015 年 5 月那次见面并不是诀别。2015 年 7 月 9 日，奥利弗迎来八十二岁生日，按照惯例，他在自己的公寓里举办了生日聚会。尽管他知道，我们也知道，这将是奥利弗的最后一个生日，但他不希望别人同情他或谈论死亡。他和凯特依然准备了熏鲑鱼和寿司，很快他的二十五位客人就吃得津津有味，并且天南地北地聊了起来。

奥利弗和我聊的正是让我们成为朋友的那个话题：视觉。他把我从客厅带到他家的一个小房间，给我看了一块已灭绝的节肢动物——三叶虫的化石。这类化石距今已有约 5.4 亿年历史，是揭示动物身上出现可成像眼睛的第一批可靠化石依据。虽然生命只剩下七周，但奥利弗仍在思考下一步要写什么，不同动物的视觉方式激发了他的灵感。他兴奋地指出，海胆数量繁多的管足上长着感光细胞。他很好奇海胆看到的世界是什么样子。奥利弗曾经观察过章鱼，他感觉这种高智商生物也在观察他，和他研究章鱼时一样专心致志。除了章鱼，他对狐猴也有亲切感，它们的大眼睛长在脸部前方，和我们很相似。事实上，他下周要去北卡罗来纳州看那里的狐猴群。聊天结束后不久，天色已晚，趁奥利弗正和其他人说话，我和丹悄悄地离开了。奥利弗应该不希望我们含泪告别吧。

那些话让我想到了自己观察动物的经历。我对它们的观察足够仔细吗？我能读懂它们的心思吗？两天后，我给奥利弗寄去了这封信。

亲爱的奥利弗：

我和丹在你的生日聚会上玩得很开心……非常感谢你的邀请。

你口中其他动物的视觉，还有你观察到章鱼观察你的情形，都打动了我，让我想起了几年前我在给学生讲授人和其他动物的"凝视稳定"时与一只青蛙的奇遇。我让学生们互相观察彼此的前庭眼反射和视动眼球震颤①（由旋转一把带竖直条纹的大伞引发）。接下来，我们借助视动鼓观察了小龙虾，它们柄状的眼睛会产生视动运动。在这些方面，小龙虾的行为和我们一样，但我并没有感觉到自己和这只虾有什么特别的关系。后来我拾起了一只青蛙，那是一只普通的豹蛙，我们四目相对，紧紧盯着彼此。我从这只青蛙的眼睛里看到了恐惧，就像从人类的眼睛里看到的恐惧一样清晰。"别担心，小家伙，"我对青蛙说，"我不会伤害你的。我要把你放在一个台子上，然后把你的整个身体向一个方向倾斜，让大家看看你如何做出反应，把脑袋歪向相反的方向。"这只青蛙的后续表现非常好，但令我记忆犹新的是我们之间亲密的眼神交流，从那时起我对青蛙产生了亲切感。

那天，同一只青蛙身上还发生了另一件事。下课以后，我把青蛙放在一个盘子里，用手括住盘子，准备下两层楼，把它送回养殖缸。这显然不是个好主意，因为当我走到二楼的楼梯口时，手一滑，青蛙就从盘子里飞了出去，顺着楼梯一路无阻地下落。"小心！"我向一楼不知情的学生大喊，"青蛙掉下来了！"然后我闭上了眼睛，因为我不想看到青蛙摔在地上的惨状。可是，当我睁开眼睛时，却发现那只青蛙在附近跳来跳去。事实上，我和那个被吓破半个胆子的学生花了好长时间才把青蛙捉住，送回了养殖缸。在接下来的两个星期里，我每天都去看它，担心它受了内伤，但青蛙看起来挺好。它一定是凭借宽大的身形和轻巧的体

---

① 前庭眼反射产生的眼球运动可以使我们在头部移动时稳定视线，而视动眼球震颤产生的眼球运动可以让我们在头部静止时追踪移动的物体。

重实现了软着陆。

　　我想你要读的尼尔森著作是《动物之眼》，作者除了尼尔森还有兰德。这本书帮我理解了鸽子看似怪异的行为——它们觅食的时候会摇头晃脑。事实上，多种在地面找寻食物的鸟类都会出现这样的行为。行走的时候，它们会先把脑袋伸出去，再保持不动，等身体其他部分跟上。头部不动时，它们的视线会保持稳定，这样就不会错过任何可能出现在身边的美味了。

　　我希望你和我们那些眼睛长在前面的表亲——狐猴玩得开心，也许你们已经度过了愉快的时光。眼动研究表明，猕猴的眼动速度比人更快。说不定狐猴也是眼动领域的超级明星！

爱你的，

立体的苏

Stereo Sue

2015 年 7 月 11 日

告　别

　　奥利弗在生日聚会上告诉我，看过狐猴之后他就得回医院了。这个消息听起来很不祥。8月9日，我画了一张卡片寄给他，上面有他最喜欢的动物。

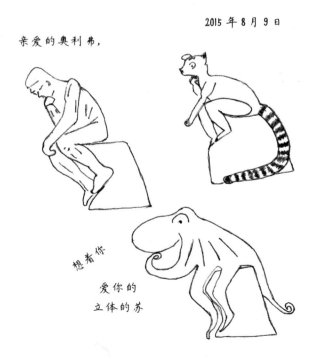

2015 年 8 月 9 日

亲爱的奥利弗，

想着你

爱你的
立体的苏

那个夏天剩下的日子里，我心里一直记挂着奥利弗。日复一日，我努力寻找可以写给奥利弗的趣事，通常与动物有关。在我的下一封信，也是最后一封信中，我描绘了大雁和狐狸之间的一场对峙。

亲爱的奥利弗：

昨天，我骑车去了曼荷莲校园的那片湖，发现一只赤狐正往水边走。它年轻精瘦，毛色光亮。狐狸刚刚到达，五只大雁就游了过来，排成一列，正对着岸边的不速之客。

我下车观察了一番。这些大雁有雏鸟，但这会儿看不到雏鸟在哪儿。接下来，狐狸和大雁在对视中展开了一场较量。过了一会儿，狐狸转身离开，钻进了高高的草丛。它迈着轻快的步子，仿佛在掩饰自己刚被五只鸟儿打败的事实。与此同时，大雁们打破了队形，转过身，昂首游走了。

五只鸟儿中，有四只是加拿大雁，还有一只是白鹅。加拿大雁来来去去，但白鹅长期生活在这片湖边。学生们给它起了个名字叫"豪尔赫"，它已经成为学校的吉祥物，拥有自己的脸书主页。每逢有雁群或鸭群来到这片湖，豪尔赫都会加入其中，但其他伙伴启程离开的时候，它还会留在原地（它是否渴望过拥有自己的伴侣）。昨天，加拿大雁在保护它们的雏鸟，豪尔赫则站（游）在一旁支持它们。"干得好，豪尔赫！"再次骑上自行车时，我喊出了声。豪尔赫朝我的方向转了过来，那些大雁则没有。这已经不是豪尔赫第一次回应我的呼唤了。我想它知道自己的名字。

Sending all good thoughts and wishes your way.

all my love,
Stereo Sue

送上我所有的好意并祝你顺利。

满怀敬爱的，
立体的苏
2015 年 8 月 18 日

后来我才意识到，我一定是从豪尔赫身上看到了同奥利弗相似的特质。他们都是"怪咖"，但他们都愿意为最脆弱的同伴挺身而出。

在去世前三周，奥利弗给我写了最后一封信。虽然身体一日不如一日，但他依然在给朋友们写信，而凯特、办公室助理哈莉·帕克，还有他挚爱的比利·海斯则提供了帮助。从 2010 年开始，他寄给我的所有信件都是手写的，然而到了这个时候，极度虚弱的奥利弗已无力提笔，于是口述了最后一封信。

在这封信的开头，奥利弗称我为"最亲爱的苏"，而不是"亲爱的苏"，这让我想起 2009 年 12 月同他的一次谈话。当时他告诉我，他不理解人们为什么惯于在信件开头写上"亲爱的某某"。他认为，"亲爱的"应该留给自己珍视的人，而不应成为礼貌的惯例，就算对陌生人也能说出口。因此，看到开头出现了"最亲爱的苏"，我就知道这封信一定饱含深情厚谊。事实上，他写完这封信的九天后，我才记录下豪尔赫的小故事，但我想把最后一封信的位置留给奥利弗，他在 2015 年 8 月 30 日离开了人世。

OLIVER SACKS, M.D.

2 HORATIO ST. #3G · NEW YORK, NY · 10014
TEL: 212.633.8373 · FAX: 212.633.8928
MAIL@OLIVERSACKS.COM

奥利弗·萨克斯　医学博士

纽约州纽约市霍雷肖街 2#3G　邮编：10014

电话：2126338373　传真：2126338928

MAIL@OLIVERSACKS.COM

最亲爱的苏：

　　2004 年，我收到了你的第一封信，里面还附上了你的日记节选。那时我没有想到，我们都没有想到，你我之间最初的接触会绽放出如此丰茂的友谊之花，当然，这份情义也延伸到了丹身上。上个月在我的生日聚会上见到你俩，我感到特别高兴。

　　在刚刚过去的一个月里，我的身体状况已经迅速恶化。我非常虚弱，每天都要排出一升或更多的"腹水"，一般在早上或晚上引流。不过，我没有太大的不适感，有了凯特和比利充分的关爱和支持，我尽可能地保持活跃，尽量多写点东西，虽然在已经动笔的诸多项目中，有一些我也不知道能不能完成，包括那篇关于在太空飘浮的文章。我现在病得太重了，不能接待来访者或接听电话，但收到你的来信（还有信中美妙的小插画）我总是很开心。

现在还没到告别的时候，但也不远了，因为我不知道自己能否撑过这个月。

在过去的十年里，我们之间深厚而又充满启发的友谊给我的人生增添了意想不到的精彩，我对此感激不尽。

致以我全部的爱，

奥利弗

2015 年 8 月 9 日

书信及图片来源

4. 出自贝拉·朱尔兹所著《双眼感知基础》，托马斯·V. 帕帕索马斯写的前言，图 2.4-1，版权 ©2006，麻省理工学院，经麻省理工学院出版社许可使用。

5. 版权 © 马尔科姆·范斯坦

6. 由拉尔夫·M. 西格尔提供

7. 由拉尔夫·M. 西格尔提供

8. 版权 © 罗莎莉·威纳德

9. 版权 © 丹·巴里

致　谢

　　这本书是献给友情、书信和奥利弗·萨克斯的一曲颂歌。我要感谢奥利弗的善良和热情，感谢他的倾听，感谢他给我信心，助我发声，感谢他同我分享自己的想法。查看自家邮箱时，我再也不会像从前那样充满期待，因为霍雷肖街再也不会寄来地址旁画着漂亮乌贼的信件了。

　　我对常年为奥利弗工作的编辑凯特·埃德加心怀感激，谢谢她给我友谊、支持和睿智的建议。奥利弗第一次来我家的时候，我曾向他问起凯特，他回答说："她很有判断力。"我还要感谢奥利弗的办公室助理海莉·沃伊奇克和哈莉·帕克，也非常感激奥利弗·萨克斯基金会允许我将奥利弗写给我的信收入书中。

　　我要感谢通过奥利弗结识的罗莎莉·威纳德，她带给我友情，为我们拍摄照片，还给我分享了许多见解，谢谢她多次安排了我们与奥利弗和凯特的愉快会面。

　　当然不能忘了感谢美国邮政服务人员，谢谢他们在纽约和马萨诸塞州之间可靠、高效地传递我和奥利弗的信件。

　　我还要感谢我的视光师特蕾莎·鲁杰罗，谢谢她指导我完成了视觉治疗，让我第一次体验了看到三维事物的感觉，备受启发。除了特蕾莎，视光师保罗·哈里斯和伦纳德·普雷斯也帮我准备了一部分写给奥利弗的信，内容涉及立体视觉的关键期和恢复。我也很感谢全国公共广播电台的罗伯特·克鲁维奇围绕我的故事制作了"早间节目"——《开启双眼视觉：苏珊的第一场雪》，以及登普西·赖斯在 YouTube 上发布了我和奥利弗的视频。

感谢在我写信的这些年给予我友情和鼓励的朋友们。感谢辛西娅·博勒加德、卡罗尔·基奥迪、艾伦·科普西、凯特·埃德加、芭芭拉·埃利希、丹尼尔·范斯坦、德博拉·范斯坦、贾尼丝·格热辛斯基、凯瑟琳·杰克逊、伊丽莎白·科恩、普丽西拉·曼德拉奇亚、克莱尔·舒布、伊丽莎白·索科洛夫、罗斯·安·沃瑟曼、劳伦斯·韦施勒和罗莎莉·威纳德，以及我在曼荷莲的同事雷切尔·芬克、琳达·拉德拉赫、安迪·拉斯、约翰·莱姆利、克里斯·派尔、比尔·奎利恩、斯坦·拉丘廷、玛格丽特·罗宾逊和戴安娜·斯坦因。特别感谢艾伦·科普西、凯特·埃德加、丹尼尔·范斯坦和雷切尔·芬克阅读本书的早期稿件。书中如有任何错误，都是我自己的问题。

感谢我宝贵的经理人——加拉蒙公司的丽莎·亚当斯，和我出版前两本书的时候一样，她帮助我完成了本书的提案，提供了图书出版方面的全面指导。

感谢安迪·巴里提供的苏铁立体图，感谢罗莎莉·威纳德提供我和奥利弗的照片，感谢丹·巴里的带指南针的帽子照片（这款帽子也出自他之手），感谢凯伦·克劳福德提供美丽的鱿鱼胚胎照片，感谢汤姆·巴克西和谢里·史密斯提供"魔眼"立体图，感谢莉娜·格拉纳达帮忙提供费弗绘制的插图，感谢已故的拉尔夫·西格尔和他的妻子杰丝敏·西格尔提供奥利弗来我家时拍摄的照片。

非常感谢"实验"出版社的马修·洛尔和巴蒂亚·罗森布鲁姆，感谢他们看到了这本书的前景，感谢巴蒂亚的精心编辑，她鼓励我始终把读者放在心上。此外，我还要感谢主编扎克·佩斯和朱莉安·巴巴托，他们对稿件的编校工作细致又周到；谢谢安·J.基施纳的校阅，也感谢贝丝·巴格勒设计本书的护封和内页。

我一如既往地感恩我的家人：我的女儿珍妮·巴里和儿子安迪·巴

里、他们的配偶大卫·杰曼和卡佳·科舍列娃、我的孙女杰西及即将出生的另一个孙女。最重要的是，我要感谢我颇有勇气的丈夫丹·巴里，感谢他在我动摇时鼓励我大胆一试。我将此书献给丹，谢谢他半个世纪以来给予我快乐、关爱和支持。

关于作者

————

苏珊·R.巴里是曼荷莲女子学院生物科学和神经科学荣休教授，此前已有两本图书出版：《斜视康复之路》《唤醒感官：学会看的男孩，学会听的女孩，以及我们如何发现世界》。她现在和丈夫一同居住在马萨诸塞州。

作者个人网站：stereosue.com

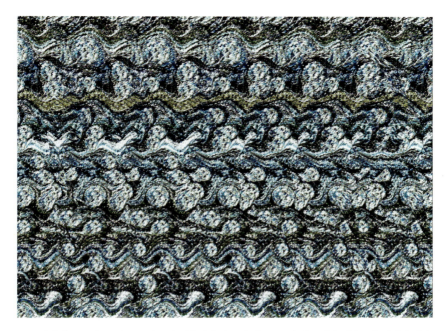

1. 这是我在2005年10月10日发给奥利弗的自动立体图之一。想要从这张"魔眼"图片中看出3D效果，你需要把它正对着自己拿到近前。一开始，画面应该是模糊的。这时你需要集中注意力，仿佛正透过图片看向远处。接下来，慢慢地将图片从面前拿远，直到你开始从中看出深度。这时保持画面不动，隐藏的图案就会慢慢显现出来。你看的时间越长，隐藏的图案就越清晰。

2. 长鳍近海鱿鱼的胚胎，只有2.4毫米长。

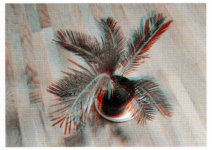

3. 苏铁立体图：戴上红/绿镜片，绿色镜片位于右眼前方，即可看到3D效果。

4. 贝拉·儒勒兹的随机点立体图：戴上红/绿镜片，红色镜片位于右眼前方，你会看到中央方形向上浮动。如果是绿色镜片位于右眼前方，你会看到中央方形在书页上下沉。

5. 我父亲的自画像

6. 我、特蕾莎·鲁杰罗和奥利弗在鲁杰罗医生
   的视觉治疗室

7. 左起：特蕾莎·鲁杰罗、奥利弗、我的儿子安迪、我，还有鲍勃·沃瑟曼在斯波莱托餐厅。
   同行的拉尔夫·西格尔没有出镜，他在拍摄照片。

255

8. 我和奥利弗在他的公寓里

9. 带指南针的帽子